なぜか、急に
はっとするくらい
美しくなる人の秘密

碇谷圭子
Ikariya Keiko

朝日新聞出版

Prologue
はじめに

あなたは、最近、こんなふうに思ったことはありませんか?

毎日、忙しくて、ついつい「キレイ」は後まわしになってしまう。

昔は前髪一つにもこだわっていたのに、今はババッとまとめて終わりだわ。

体形が崩れてきて、何を着ても似合わない気がする。だから、体形を隠す服ばかり着てしまって……。

なんだか最近、鏡を見るのがイヤ。シミもシワもひどいから。

年も年だし、私なんかが今さら「美しくなりたい」なんて図々しいのかな。

なんて——。

Prologue
はじめに

その一方で、あなたのまわりに、こんな人がいませんか？

会うたびに、年をとるどころか、なんだかどんどんキレイになっていく人。

とりたてて整った顔ではないはずなのに、なぜか惹きつけられる、存在感が美人！　な人。

ちょっと前まで「仲間」と思っていたのに、「あれ？　彼女、あんなに美人だったっけ？」と二度見してしまうくらいに変身していた人。

「同級生とは思えない！　この差はいったいどこから？」とききたくなる人。

忙しいはずなのに、キレイを忘れず、いくつになっても輝いている人。

さて、その違いはどこにあるのでしょう？

はじめまして、心理カウンセラーの碇谷《いかりや》圭子《けいこ》と申します。

私は心理カウンセラーとして、日々、みなさんの悩みを解消し、人生を輝かせるお手伝いをさせていただいています。

そして、たくさんの女性たちを、主に心理面からアプローチして美しい女性にするセミナー・カウンセリングなどもしています。

私のまわりには、みるみる美しく生まれ変わっていった人ばかり。

本書のタイトルどおり、**「なぜか、急にはっとするくらい美しくなる人」がたくさんいます。**たとえば……。

◆両親の介護に追われ、見た目が完全に「オバさん」化していた40代のUさん。私のセミナーを受けてから半年後、「え？　娘さん？」というほど瑞々しく美しい女性に大変身。「毎日が充実していて楽しい」とおっしゃいます。

◆地方で満たされない思いで暮らしていたキャリアウーマンのNさん。私のセミナー以来、人生がガラリと変化。まわりが驚くほど美しく華やかな女性として

Prologue

はじめに

変身し、性格もそれにともなって積極的に。現在は、華やかなオーラをふりまきながら各地を飛びまわり、人生を謳歌中です。

この方々は、まだ、ほんの一部。私の「美しくなる人の秘密」の話を聞くと、みなさん、あっという間にぐんぐんキレイになっていきます。

でもね、私がセミナーなどで「誰でも、急に、はっとするくらい美しくなれるのよ」と言うと、たいていの方がこんなふうに言います。

「そんなに急にキレイになれるわけないじゃないですか」
「ムリムリ、私なんか絶対ムリですよ！」
「シワもシミもできて、どんどん太って……こんなオバさんでも⁉」

大丈夫なんです。
誰でも、美しくなれるんです。
たった一つのシンプルなことさえ変えれば――。

そのたった一つの
シンプルなことというのは、
「〝美人として生きる〟と決める」
ことです。

「私は、これから美人として生きる」

そう決めるだけ。

どんな条件も資格も必要ありません。

「美人として生きる」と覚悟を決めるだけでOKなんです。


「えー！　そんなの単なる自己満足じゃないですか！」なんて声が聞こえてきそうですね。

もちろん「根拠もないのに決められません」「いきなり『これから美人として生きる』なんて、バカみたいじゃないですか⁉」と思う方も多いでしょう。

でもね、この「決める」って、とても大切なんです。

かのココ・シャネルは、こう言っていたそうです。


「なりたい自分になると決めた。それが今の私」

「なりたい自分」を「美人」に置き換えてみてください。

Prologue

はじめに

ね、「決める」って大切だと思いませんか?

そうはいっても「ちょっと思えない……」という人もいるかもしれませんね。

もう少し詳しくご説明していきましょう。

「美人として生きる」と決めると、「私は美人である」という意識をもつことになります。

この「私は美人である」という「意識」がとっても大事。

自分のことを「私は美人である」と思っていることが大切なのです。

たとえば、反対に「私は美人ではない」と思っている人がいるとしましょう。

この人が「美人になる!」とすると、ハードルが上がります。

「私は○○さんに比べて美人ではないし」「私なんかブスだし」と思いながらの「自分磨き」は、自己否定になりがちです。

「私はダメ。だから変わらないと」では、つらくなってしまうのです。

でも、「私は美人である」、あるいは「私は、もともとは美人。本気出せば、シンデレラみたいにキレイになる女!」と思っていたらどうでしょうか。

Prologue
はじめに

「あ、私は、やればやっただけ美人になるのだから、いろいろやろう♪」

と素直に思えたりしませんか。

そう、**「私は美人である」という意識さえあれば、あとは「美人をやるだけ」になるんです。**

「私は美人である」という「自分のあり方」（本書ではこれを「ＢＥ」と言います）を決めてしまえば、あとは「そんな美人な自分にふさわしいことをやるだけ」（本書ではこれを「ＤＯ」と言います）になるんです。

「私は美人である」（ＢＥ）
「私は美人をやる」（ＤＯ）
これがワンセット。

「私は美人である」という意識をもって「美人をやる」。

私がお伝えしている「美しくなる方法」を、シンプルに言えば、この一言だったりします。

あるいは、「自分を信じて、磨くだけ」と言い換えたりもします。

「自分を（美人であると）信じて、磨く（美人をやる）だけ」

ということです。

ダイヤモンドの原石を、「これはダイヤモンドだ」と信じて磨くように、自分を美しいと信じて磨くだけなんです。

あくまでも「私は美人である」という前提で、「磨く」という行動を楽しんでやってほしいのです。

行動したり、努力したり、磨いたりすることが「楽しい！」「面白い！」のは、やはり自分を「美人だ」と思えているから。

Prologue

はじめに

私は、女性は一人ひとりが美しいと思っています。
「誰でも、そもそもは美人」なのです。

ただ、それに気づいていないだけ。
ただ、それを磨いていないだけ。

あなたは、もう「美人」だと決まっているのですから。
「美人を思い出すだけ」といった感覚でもいいかもしれません。

私たちは、一人ひとりがダイヤモンドの原石です。
だから、磨いて磨いて、どんどん輝いてしまいましょう。

遠慮はいりません！

Prologue
はじめに

それでも、「ちょっとイマイチわからない」という人には、こうお伝えしたいですね。

私の「美しくなる人の秘密」の一番大切なたった一つのシンプルなポイントは、「〝美人として生きる〟と決める」ことです。

決めるだけなら一瞬です。時間はかかりません。

もちろん、「美人をやる」のやり方も人それぞれですから、お金がかかることもありません（もちろん、かけたかったらかけてもいいですよ）。

だから、「時間もお金もかからないんだから、だまされたと思って、まずはやってみて」と思います（笑）。

そして、本編に入る前にここで私自身の話を少しだけさせてくださいね。

私が、この「なぜか、急にはっとするくらい美しくなる人の秘密」のメソッドをつくり上げるまでのお話です。

私は、30歳で離婚を経験し、しばらくは親の会社を手伝っていたのですが、30代前半からの約13年間、外資系の人材派遣会社で働いていました。

主に営業さんや派遣スタッフさんのフォローをする仕事です。派遣スタッフさんのほとんどは女性でした。

ですので必然的に、いろんな女性たちの相談にのる機会が数多くありました。また、私自身、話を聞くのが苦ではないほうですので、最初は仕事の悩みがほとんどでしたが、しだいに恋愛や人生相談も受けるように。

すると、そんな彼女たちの話を聞いたり、様子を見たりするうちに、私なりに気づくことがありました。

一つは、「心」の状態が「外見」に影響するということです。

仕事のことや家庭のことでストレスいっぱいのとき、どうしても身なりをかまう余裕がなくなり、キレイから遠ざかります。

反対に、仕事やプライベートが順調なとき、内側から充実したオーラも出るし、どんどん磨かれていきます。

「心」がすさむと「美」もすさむ。

「心」が満たされると「美」も満たされていく。

そういうことが女性たちを見ているとわかるのです。

もう一つは、「美人」とは、「外見がいい人」という単純なものではないということです。

たとえば、パッと見は「キレイ」でも、お付き合いしていくうちに、そうは見えてこない人がいました。

反対に、最初は、そんなにキレイとは思わなくても、付き合いが長くなるうちに、どんどん美しく見えてくる人もいました。

このことは、本書を読まれている大人の女性のあなたになら、共感していただけると思うのです。

私たちがふだんの生活で「美人」というときって、単に顔が整っているとか、スタイルがいいとか、キレイにお化粧をしているとか、それだけを指すのではありません。

ふるまいや言葉づかいやしぐさ、性格、生き方も含めて、トータルの印象で「美人」と感じるものです。

こうした経験の数々から、私は、女性たちの「美」と「心」がつながっているということに深く関心をもっていきました。

そんなことに関心をもっていた46歳の頃です。私の人生にある事件が起きました。勤めていた派遣会社が、日本撤退によってなくなってしまったのです。

ですが、そのときの私はあせるでもなく、「せっかく無職になったのだから、やりたいことを全部やろう！」と思いました。

そして、以前から関心のあった心理学を学ぼうと思ったのです。

心理学を学んでいくうちに、私の派遣会社時代の気づき・関心は次のような確信に変わっていきました。


単純にテクニックや表面的なものではなく、心が満たされて、自分自身を大切にして、つくり上げられた「美」や「キレイ」ほど尊いものはない、と。

女性が、自分の素晴らしさに気づいて、自分のキレイの可能性に気づいて、自ら美しくなろうとする力はすごい、と。


だから私は、心理カウンセラーとして、心理面から「外見」「美」「キレイ」にアプローチしたセミナーなどを開くようになっていったのです。

Prologue

はじめに

女性を美しく幸せに。

私がやりたいことは、このことです。

女性はね、自分のことを「キレイではない」「美しくない」なんて思ったらダメです。

どんな女性もキレイだし、美しい。

けれども、私のセミナーやカウンセリングに来る女性たちの多くが、「私なんか」と自分で自分を否定したり、「どうせ無理」と自分をあきらめてしまっていると感じます。「私はダメ」と自信を失っているなと感じます。

あるいは、自分の素晴らしさ、キレイに気づかないまま、雑誌やネットの情報を見て、その真似をして、自分以外の誰かになろうとするのです。

もちろん、雑誌やネットを見て、美しくなる技術を学ぶのも大切。

でもね、それもこれも、「自分」あってこそ。

一流のスタイリストさん、ヘアメイクさんは、どの人にも同じ服装やメイクをするわけではありません。一人ひとりに合った、その人のよさを引き出す服装・

メイクを考えるものです。

それを、あなたも、あなたに、してあげてほしい。

自分の中にある美しさを信じて、「どうやったら、この美しさが伝わる?」「どうしたら輝きが増す?」と考えながら自分を磨いていってください。

自分と向き合い、自分を大切にして、自分でつくり上げる。

そんな「美」こそ本当の美しさだな、と私は思うのです。


私は、アラフォー、アラフィフの女性たちで「どうせ私なんて」とあきらめている人に、その人のもつ、その人本来の美しさや魅力を出してもらいたいと思っています。

そのうえで、キレイになって、自分を輝かせるのと同時に、自分の人生も輝かせてほしいと思っています。

そんな思いでやってきた私のセミナー・カウンセリングに、これまで来てくださった方は約2千人。おかげさまで100万円超するセミナーも満席となるご支持をいただいています。

Prologue
はじめに

たくさんの女性たちに出会い、悩みと向き合い、キレイになるヒントをお伝えし、美しくなる姿を見届けてきました。
こうした経験の中から、私なりに考えた「美人をつくる心理のしくみ」の濃縮したメソッドをこの1冊に込めています。

1章は、「美人として生きると決めて、美人をやる」についてお話しし、メソッドの根本をご説明する章。
2、3章は、「美人であること」の「BE」についてお話しする章。
4、5章は、「美人をやること」の「DO」についてお話しする章。
という構成になっています。

この本が少しでも女性たちが輝くためのお役に立てればうれしいです。

2018年1月

碇谷圭子

なぜか、急にはっとするくらい美しくなる人の秘密 CONTENTS

Chapter 1

まず、「美人として生きる」と決める

Chapter 2

「私は美人である」というマインドを育てる

Chapter 3

「自分の根本と向き合う」ことが真の「美」をつくる

Chapter 4

とりあえず「外見を磨く」もやってみる

Chapter 5

ニュアンス最強！美人の「ふるまい」「しぐさ」を身につける

Chapter 1

まず、「美人として生きる」と決める

「なぜか、急にはっとするくらい美しくなる人」に
一番大事なことがあります。
それは、まず、「美人として生きる」と決めること。
そして、「私は美人である」と思えた瞬間から
みるみる美しく生まれ変わっていきます。
この1章では、
「美人である」（BE）ことと
「美人をやる」（DO）こと、
メソッドの根本について、
お話ししていきましょう。

「私は美人」と思うと「やる」ことが変わる

「はじめに」でお伝えしたように、〝なぜか、急にはっとするくらい美しくなる人〟の秘密で最も重要なのは、**「『美人として生きる』と決める」こと**です。

まず、「私は美人である」（ＢＥ）という意識をもつことが大切なのです。

「どうして大切なのか」からお話ししていきましょう。

では、ここで一つお願いです。嘘でもいいから、魔法使いによって変身したと思って「私は美人になった」と強く思ってください。

そして、次の質問に答えてみてください。

「あなたが着ている服は美人にふさわしいものでしょうか?」

「あなたが持っているバッグはどうですか?　靴はどう?」

「ヘアスタイルやメイクはどうですか?」

「あなたの言葉づかいは？　ふるまいは？」

「私は美人になった」と思うと、なんだか「あれ、今までの私ではダメだ」と思いませんか。

自分の着ている服やバッグが不釣り合いに思え、「私に似合わない……」と感じてしまったり。

言葉づかいやふるまいを「きちんとしなきゃ」と思うようになったり。

そう、「私は美人」と思うと「身なり」や「行動」が変わってくるのです。

「意識」が変わると「やる」ことが変わるのです。

私もそうでした。前述したように、私は13年間、人材派遣会社で働いていたのですが、黒っぽいスーツばかり着ていました。仕事柄しかたのない部分はあったとはいえ、暗いイメージです。それに毎日忙しく朝から晩まで働いていたので、スーツは汗くさいし、ヨレヨレでした。

でも、それらのスーツを、あるときに全部バッサリと捨てました。

勤めていた会社がなくなり、無職になったときのことです。転職したら、また着るかもしれないのに、もう、バッサリ捨てたんです。

「私は自由で美しい人として生きよう」と決めたからでした。

そして、その足で「自由で美しい私に似合う服」を着たくなって、服を買いにいきました。

女性らしい華やかなワンピースを着て鏡に映る私の姿は、黒っぽいスーツを着ていた私とはまるで別人。そのワンピースを着て素敵なカフェに入り、ゆったりと優雅にソファに腰を下ろしてお茶を飲みました。

こうした私の行動も、買った服も、「私は自由で美しい人として生きる」と決めたからこそ。

「意識」（BE）が変わると「身なり」や「行動」（DO）が変わるのです。

「私は美人である」（BE）と思うと、「やる」（DO）ことが変わるのですよ。

世界を美人の視点で見るか、ブスの視点で見るか

前項では、「『私は美人である』（BE）という意識をもつと、『やる』（DO）ことが変わる」とお伝えしました。

この「私は美人である」（BE）という意識をもつことは、もう一つ大切な役割を果たします。

それは何でしょうか。

人生って「証拠探し」の旅だったりします。

人って自分が信じたものの証拠を集めてしまうところがあるんですね。

たとえば、小さなことですが、「今年の流行はボルドー」という雑誌の特集を見て、「ボルドー色いいなぁ」と思うとします。

すると、街でボルドー色ばかりに目がいったりします。

テレビを見ていても、ネットを見ていても、「ボルドーの服」ばかりが気にな

ったりします。

まるで、「ボルドーはいい」という証拠を探すかのようです。

これはファッションの話ですが、人生全般でも同じようなことがあります。


プレゼンで大きな失敗をしてしまい、その体験が大きな傷となって「自分は話すのが下手である」と信じてしまったとします。

すると、それから、プレゼンはもちろんのこと、会議で発言するときにも、「私ってダメだな……」と思う場面が増えたりします。友人たちの前ですら、「うまく話せなくてごめんね」と言うようになったり。

なぜだが「話すのが下手」の証拠を集めるかのように、そういう経験に出合ってしまうのです。

あるいは小さい頃、母親から「何をやってもダメな子ね」と何度も言われ、「私はダメな子である」と信じこんでしまったとします。

すると、それからの人生、自分のダメなところばかりが目についたりします。

「私、数学ができない」「スポーツがダメ」なんて**ダメな証拠集めばかり。**

たとえ、国語ができても、字がうまくても、ダメだと思うところを探して「私はダメだ」なんて落ちこんだりするのです。

だから、**「自分が自分をどういう存在だと信じて生きているか」という意識はとても大切。**

「私は美人ではない」と信じて生きていると、「美人ではない証拠」ばかりを集めてしまうのですよ。

目がパッチリ大きくても、脚がスラッとキレイでも、「指が太い」「鼻の形が悪い」なんて、悪いほうばかりが気になってしまうのです。

人にちょっと冷たくされると「私が美人じゃないから」なんて……。

一方、「私は美人である」と信じて生きていたらどうでしょう。

目がパッチリ大きくなくても「私の目ってすっきりしていて涼やか美人って感じだわ」といいところに注目します。

ぽっちゃりした体形でも「私の体つきは女らしくていい」「モデルのスラッと

した体形もステキだけど、私は私で魅力的」なんて思ったりします。

ふとすれ違った人に親切にされたり、店員さんに丁寧に接客してもらうと「やっぱり美人って得だわ〜♪」なんて思います。

「美人の証拠」ばかりを集めるんですよね。

いろんなものごとを「私は美人」という視点で見るようになるのです。

人って不思議ですよね。


だから、「私は美人」という意識をもつのって、すごく大事なんです。

そこで視点が切り替わりますから。

そもそも、美人とはどういう人でしょう

◆まずは、「『美人として生きる』と決める」ことが重要。
◆「美人である」と思うと「身なり」や「行動」が変わる。
◆「美人である」と思うと「私は美人」という視点でものごとを見る。

これまでにお伝えしたこれらのお話が「頭ではわかるけれども、心がついていかない」と思う人も少なくないかもしれません。

「そうは言ったって、私より美しい人がいっぱいいるのに、とてもじゃないけど、美人なんて名乗れません！」

「いい年して、肌も衰えたし、体形も崩れて、センスもないのに、『私は美人』なんてぜんぜん思えない……」

わかります。「美人って一定の基準値があって、そこを超えないと名乗っちゃいけない」と思いがちですよね。

だとしたら、あなたと私では「美人」のとらえ方が違うのかもしれません。

私が言う美人とは、

「誰かと比べて美しい人」ではなくて「自分らしく輝いている人」

なんです。

「はじめに」でもお伝えしたように、「美人」とは、単に顔が整っているとか、キレイにお化粧しているとか、スタイルがいいとか、ただそれだけを指すのではありません。

もちろん外見も大切ですが、年を重ねてからの美しさは、内側からにじみ出るもの、自分の意思を感じさせるもの、総合的なものとしての〝美しさ〟なのだと思います。

もっというと、美人とは、**「あなたが、あなたの心や体を大事にして、自分らしさを活かして輝いている人」**だったりします。

天から与えられたあなたの身体、あなたの環境、すべてを最大限に活かして、あなたが自分に丁寧に向き合った結果、生まれるもの。

それが〝あなたという美しさ〟です。

それを体現している人が「美人」だと、私は思うのです。

そもそも「美人」の定義は難しいと思いませんか。

「ミス・ユニバース」の世界大会を見てみてください。

「日本人の美しさ」と「ブラジル人の美しさ」、「エジプト人の美しさ」、「アメリカ人の美しさ」、「イタリア人の美しさ」は同じでしょうか。

きっと、それぞれ違いますよね。

日本人だって、平安時代の美しさと今の時代の美しさとでは、全然違うことでしょう。

そう、人種や時代や文化によっていろんな形で表現できるのが美人。

だから、人と比べるのはナンセンス。

あなたという存在を最大限に活かしている人が「美人」。

であれば、「私は美人」と名乗れる気がしませんか?

美人は、「なる」ものではなく、「やる」もの

よく、私のセミナーやカウンセリングにいらした女性たちから、「心に突き刺さりました」「強烈すぎて忘れられません」と言われるセリフがあります。

「美人は『なる』ものではなく、『やる』ものよ」という言葉です。

この言葉の本当の意味をもう少しご説明しましょう。

女性が「美人になりたい」と思うときって、「私は美人ではない」と思っていますよね。「私は美人ではない」から「美人になりたい」となるのです。

でも、「私は美人である」と思っていたらどうでしょうか。

「私は美人じゃないから」と自分を否定する必要などなくて、「美人な私が活きるよう磨こう♪」「私らしく輝いていこう♪」と思えるのではないでしょうか。

もう、「すでに美人」なのだから、「美人になる」必要などなくて、それよりも「その美しさを隠してないで、もっと出そう」のような感じです。

そう、「なる」には自己否定が根本にあるけれど、「私は美人である」と思った

うえで「やる」には、自己否定がないのです。

だから、「美人は『なる』ものではなく、『やる』もの」と言っているのです。

この言葉が私のメソッドの神髄といっていいでしょう。


実は、このメソッドに気づいたきっかけは、私の心理カウンセラーの師匠・心屋仁之助さんの存在です。

私は前述のように、無職になったとき、「せっかく無職になったのだから」と、しばらく気の向くまま、好きなことを、たっぷりやっていた時期がありました。

南の島にぶらーっと行ったり、マッサージの勉強をしたり、いろいろやっているなかで、心屋さんのセミナーにも出合いました。

心屋さんは、「何をやるか（DO）」よりも、「自分が、どんな存在であるか（BE）」の意識や前提のほうが大事とおっしゃっていたのです。

たとえば**「私は愛されない人間である」という意識（BE）で生きていくか。**

それとも**「私は愛される人間である」という意識（BE）で生きていくか。**

どちらの「意識」（BE）で生きるか。その差は大きい。

「愛されない人間である」という意識で生きていると、つい、相手の顔色をうかがうようなコミュニケーションをとります。卑屈になったりします。「どうせ私は愛されないし」とスネた状態で人と接しがちです。

でも、「愛される人間である」という意識だったらどうでしょうか。

何をやっても、どうなっても、最終的には「愛される」のですから、相手に素直に接します。卑屈になったり、スネたりしません。

相手に好かれなかったり、うまくいかなかったことがあっても、「そういうこともあるよね」で終わり。自分の存在までを根本的に否定することはない。

部分的に反省したり、改善することはあっても、自分を完全否定はしません。

こういったような話を、わかりやすくユニークに心屋さんは話されていて、本当に目の覚めるような思いを抱いたのです。

「自分が自分をどういう存在だと意識しているのかって、すごく大事なんだな」と思ったのです。

そんなこと、今まで考えたこともなかった私は、「ぱっかーん」と頭が割れるような衝撃を受けました。

そして、その後、心屋さんのセミナーを手伝うようになり、自分でも心理学をさらに学ぶようになりました。カウンセリングをしたり、セミナーで人前で立って話す機会も増えていきました。

するとしだいに、女性たちから、「外見」や「美」「キレイ」、もっというと女性としての価値・人生などの相談が増えていきました。

そんなある日ふと、「女性にとっての『美』もそうだな」と思ったのです。

「『私は美人ではない』という意識で生きるか」と「『私は美人である』という意識で生きるか」の違いは大きいな、と。

やはり、「私は美人である」と信じて、自分を否定せずに、自分らしく伸びやかに自分を磨いている人のほうが美しいな、と。

こうして、「『美人として生きる』と決めて、『美人をやる』のよ」という、女性を美しく変える、私なりのメソッドが生まれたのです。

「ブスな部分」も受け入れて、それでも美しいと信じる

「『美人として生きる』と決めること、決めて『美人をやる』のが大切なのはよくわかりました。でも、外見を整え、他人から『美人ね』ってほめられ、自信がついてから、『私は美人である』って思うのではダメなんですか？」

ときかれることがあります。

その疑問ももっともです。

美人になることを目指していろんなことをやり、「美人の根拠」や「他人の評価」がそろって、自信がついてから「美人」と思いたい気持ちもわかります。

でもね、私なりにつくり上げた「美しい人になる方法」では、やはり**「『私は美人である』と思うことが先」**と申し上げておきます。

どうしてでしょうか。

ここで、とても大切なことをお伝えします。

〝自信〟とはね、何かが手に入ったり、達成できたりしたからつくという単純なものでもないんですよ。

自信を失ったときって、洋服を買ったり、気分の上がる素敵な場所に行ったり、一生懸命メイクをしたり、ダイエットをしたりしがちですよね。

それはそれで一時しのぎにはいいかもしれません。

でも、**この「行動だけ」「結果だけ」には、実は、あまり意味がないのです。**

だって、一つ達成したら、次の目標が見えてくる。それも達成したら、また次の目標が見えてくる。

自分にバツをつけたまま、自分以外の人になろうとしたまま、自信をつけようともがいているかぎり、これは一生続いていくのです。

自分を否定したまま、自信をつけようといろいろ努力を足していくのは、穴のあいたバケツに水をそそぐようなものなのです。

もう自信を探す旅は終わりにしませんか？

自分を信じると書いて「自信」です。

根拠なく信じていいんです。根拠があって信じたら、その根拠がなくなったら、信じられなくなる。努力や根拠や評価だけがあって自信がついた人は、その努力や根拠や評価が否定されたら、自信がなくなってしまうのです。

では、本当の意味で自信がつくときとは、どういうときでしょうか。

実は、**「自分ってダメな人間なんだ」と一度、あきらめたとき**なのです。

そんなに美人ではない自分。ダメダメな自分。どうしようもない自分。

この「自分」を全部あきらめて、受け入れたときに自信がもてるんです。

私が思う美人とは「自分のブスなパーツも受け入れている人」です。

自分の中でブスのパーツがあることまで含めて「私は美人である」と認めているのです。

私だって、本音を言えば「もっと目が大きかったら」「歯並びがよかったら」「頭の形がよかったら」なんて思うこともありますよ。

でも、全部あきらめてるのです。**だって、他人にはなれませんから。**

ブスな自分も、ダメな自分も、全部引っくるめて自分なんだと思う。そして、そんな自分の存在を、それでも「美しい人」だと信じる。

そうやって**「私は美人」と「自分に対する意識」を決めることが大事。**

「いい」も「悪い」も含めた「自分」を「どういう存在と思うのか」という「あり方」（BE）を決めてしまうのです。

これがこの本の大切なことです。

ただ、そうはいっても、すぐに「私は美人」と思える人ばかりではない。

「意識」や「あり方」（BE）を変えるのって人によっては難しいものです。

そんなときは、外見やファッション、ふるまいなど、行動の「美人をやる」（DO）から変えてみてもいいと思っています。まずは「外見」「行動」から変えると、「意識」が変わることもよくあることですから。

「私なんか美人ではない」と思っていても、私のおすすめのワンピースを着て、鏡の前に立ったとたん、意識が変わる女性もめずらしくありません。

ですから、いきなり「意識やあり方を変えて」なんて無茶は言いません。

でも、**「行動（DO）よりもあり方（BE）のほうが大事」**ということだけは、覚えていてくださいね。

「自分を大切にすること」からキレイはつくられる

「美人とは、自分という存在を最大限に活かしている人」

「美人とは、ダメな部分も含めて自分の全部を受け入れている人」

と言いました。

これは言い換えると、**「美人とは、自分を大切にする人」**と言えます。

だって、「自分を最大限に活かそう」と思ったら、「あの服が似合うかな」「こんなメイクが私には合うかも」と一生懸命自分を伸ばそうとします。

「胸は小さいけど、脚の形はいいと思うのよね」と欠点はあっても、長所を見つめて、そこを活かそうとします。

疲れたときには、「あ、今、お肌の調子が悪くなっている。少し自分に無理させてしまったかしら」となってお手入れも念入りにします。

ダメな部分も受け入れていると、「少しタレてきたお尻」や「シワのある肌」も愛おしく思えます。体や肌のお手入れも「がんばってきたよね」と思いながらできます。

こういう**「自分を大切にする意識・行動」**がとれるようになるのです。

私は以前、ある素敵な友人に、こうほめてもらったことがあります。

「いかりん（私の愛称です）が、お金があんまりなくて狭いアパートで暮らしていたときでも、ベッドにスカートをはかせて、ベッドメイクをきちんとしているって聞いたとき、ちゃんと丁寧に暮らしてるんだなぁって感激したの」

そう、私、1Kのアパートに暮らしていたときも、今も、ベッドにスカートをはかせて、自分の眠る場所を丁寧に整えるのが習慣なのです。

しかも、とくに「特別なこと」とも思っていなくて、私自身、自分が心地よくなることが大好きだから、「当然のこと」と思っていたのです。

でも、意外とみなさんできていないんですよね。自分が毎日寝る場所なのに、あまり大切に思ってない。もったいないことです。

――なんて、えらそうに言う私も、実はこれ、尊敬していた義母、つまり離婚した夫の母から学んだことです。

義母は、今までの人生の中で、「一番の美人」と思える人です。外見もふるまいも美しいのはもちろんのこと、暮らしぶり、生き方もまた、「美しい人」でした。

その義母が、とにかくベッドまわりを丁寧に整えていたんです。

美人は、暮らしぶりが丁寧。

これ、義母から学んだ、とてもとても大切なことです。

それにね、先ほどの友人が、こうも言っていたんです。

「フランスでは、どんなに素朴な食事でも、前菜、サラダ、メイン、って順番に食べるんですって。お金がなくても豊かに暮らしてるのって憧れるわ」

ベッドの件もフランスでの食事の件も、どちらも共通しているのが、自分のことを大切にした暮らしをしていること。

自分が眠るベッド、自分の体を作る食事、それらを大切にすることは、イコール自分を大切にすること。

美人は、「自分を大切にすること」からつくられるのです。

「他人」よりも「自分」を軸にする

前のお話で、美人は「自分を大切にすること」からつくられるものだとお伝えしました。

ただ、私のセミナーやカウンセリングに来る女性を見ていると、「自分」を大切にできていなかったり、「自分」を見失っている人たちをよくお見かけします。

◆優しすぎて他人を優先しすぎて、ふりまわされてしまって、ついつい「自分を大切にする」が後まわしになってしまう人。

◆親やまわりの人などの声を聞きすぎて、自分の意見をぐっと我慢して、やりたいことができずにいて、自分を押し殺してしまっている人。

◆親やまわりの人を優先することが習慣になってしまった結果、「自分を大切にすること」が何かがわからなくなってしまった人。

でもね**「自分」よりも「他人」に重きを置きすぎていると、「自分らしく美しくなる」ことはどうしてもできなくなってしまいます。**

だからこの本を読んでいるあなたがもしそうなら、自分と向き合い、「自分を大切にすること」を知っていってください。

そして、「自分」の体や心を喜ばせてあげてください。

もちろん「他人」を大切にすることがダメなのではありませんよ。

けれども、一番大切なのは、「自分」。あまりにも「他人」を大切にしすぎたあなたを調整して、「自分」に戻すのです。

「他人の言うこと」や「親の言うこと」、「常識」「世間の目」（○歳だからこうしなきゃ、とかね）をリセットして、「自分」に帰るのです。

大人の美しい女性は、「他人の言うこと」「世間の目」よりも、「自分に本当に似合うもの」や「自分の心が喜ぶこと」を大事にして、自分の外見やふるまいをつくり上げるものです。

私の苗字《みょうじ》は、「碇谷《いかりや》」です。その中にある字の「碇《いかり》」とは、船が港に停まっているときに、船がどこかにいかないよう留めておくための道具。

私は「碇」の字が入っているこの苗字の下に生まれてきたのは、「宿命だな」と思うくらいに自分に合っていると思っています。

だから、私のプロフィールには、「心に自分らしさの〝碇〟を下ろす心屋流のカウンセリングをしています」と入っています。

あなたという船が迷子にならないよう、**あなたがきちんと「自分らしさの碇」を下ろせるよう、お手伝いがしたいと、**私はそう思っています。

「美人として生きる」と決めると、単に急に美しくなるだけでなく、友人や愛する人に恵まれます。

心が満たされ、自己否定せずに輝きだすので、仕事もお金も入ってくるようになります。

あるいは、仕事やお金がなくても、世間のものさしにふりまわされず、「私の生活はこれで満足。人生は素晴らしい」と思えるようになります。

人生がみるみるうちに変わっていきますよ。

さあ、「美人として生きる」と決めて、自分を磨いていきましょう！

「魔法の言葉」の力を味方につけよう

「私は美人である」という意識をもつときにも、「美人をやる」ときにも、身につけてほしい力があります。**それが、「言葉の力」です。**

どんな言葉を自分に投げかけるかで、自分の意識が変わってくるからです。

たとえば、「どうせ」という言葉、「どうせ私は美人じゃないし」「どうせもうオバさんだし」と卑屈に思うときに使いがちな言葉ですよね。

でも、これ、プラスの意味に使えば、とても強力な言葉になります。

「どうせ」は、「自分の考え方を補強する言葉」なんです。

「できない」より、「どうせ、できない」のほうが無力感が強い。

「ダメだと思う」より、「どうせダメだと思う」のほうがあきらめが強い。

一方、プラスに使えばどうでしょう？

「私はできる」より、「どうせ、できる」のほうが、カンタンにできる気がする。

「なんとかなる」より「どうせなんとかなる」のほうが、やり方がいっぱいある気になる。

そう、「どうせ」はプラスに使えば、とてもよい言葉なのです。

だから、私はなかなか「自分の美人」を認められないクライアントさんには、

「どうせ私は美人だし」と何度も口に出してもらいます。

すると、みなさん「どうせ美人だから、今日から美人をやることにします」と笑顔になっていきます。

この「どうせ私は美人だし」の言葉のように、自分に投げかけてプラスの効果を生む言葉を、本書では「魔法の言葉」といっています。

そして、魔法の言葉は、くり返し言うことをおすすめしています。「心の中」でもいいのですが、できるなら、実際に「声に出して」言ってみてください。

このあとの章には、項目の最後に「魔法の言葉」を入れています。

あなたの心に響く言葉があったら、ぜひ声に出して言ってみてくださいね。

何度も口にするたびに、意識がぐんぐん変わってきたりします。

あるいは、たった一回の一言でも、一瞬にして「ぱっかーん」と意識が変わることもあるんですよ。

ちなみに、小さなラベルシールを用意して、魔法の言葉をシールに書き、手帳や携帯など、よく使うものに貼るのもおすすめだったりします。魔法の言葉を何度も口にしたり、目にすることで意識が変わりやすくなりますから。

Chapter 2

「私は美人である」というマインドを育てる

「私は美人である」（ＢＥ）という
意識でいることが大事。
そう言われても、いきなりは
「私は美人である」なんて思えない人もいます。
あるいは、「私は美人である」と思えたとしても、
ふとしたときに、その思いが揺らぐ人もいます。
だから、「私は美人である」という意識、
「美人マインド」を、
自分自身で育てることを覚えましょう。
この章は、「ＢＥ」についての章です。

ほめられたら「ありがとう」と受け取る

もしも、あなたが目の前の人に、「キレイですね」と言われたら、どのように答えますか？


「いやいや、そんなことないです」と否定するかもしれませんね。

「またまた〜、何も出てこないですよ」とおどける人もいるでしょう。

いろいろなパターンがあるでしょうが、どちらにしても、ほめ言葉をストレートに受け取れない人も多いのではないのでしょうか。

そういう反応をしてしまうのは、まだ「美人である」と思えていないから。

だって、たとえば大女優に「キレイですね」と言ったら、「そんなことないわよ」という返事が返ってくると思いますか。

そう、こないですよね。

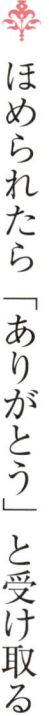

人は自分が「美人ではない」と思っていると、ほめられても、否定したり、おどけてしまったりして、素直に受け取れないものです。

では、「美人である」と思えている人、美人マインドをもっている人には、どのような答えがふさわしいでしょうか。

それは**「ありがとう」**です。

「○○さんて、キレイですよね」
「ありがとう」
「その髪型、すごく似合ってる！」
「ありがとう！」
「新しいバッグ、ステキね」
「ありがとう♪」
「これ、安物なのよー」なんて言いたい気持ちはぐっと我慢（笑）。

美人なら、どんなほめ言葉も「ありがとう」と素直に受け取ります。

だって、「私は美人」なんだもの。

ほめられたら、「気づいてくれてありがとう」「私のキレイなところをわかってくれてありがとう」という気持ちになるはず。

「まだ『美人として生きる』と決めただけで、美人未満の私でも⁉」と気恥ずかしい人もいるかもしれません。でも、大丈夫。

「私はダイヤモンドだけれども、まだダイヤモンドの原石。でも、ダイヤモンドの原石って見抜いてくれてありがとう」

そんな気持ちで「ありがとう」と言えばいいのです。


それにね、言葉って、たとえそれが人に対して発せられた言葉であっても、口に出した瞬間、自分の心にも刻みこまれていきます。

たとえ謙遜だとしても「いやいや、そんなことないです」という否定する言葉は、**あなたの中の「私は美人ではない」というマインドを育ててしまうのですよ。**

だから、ほめられたら、否定の言葉はやめておきましょう。

ほめ言葉は、ストレートに受け取ること。

それが「美人マインド」を育ててくれますよ。

いかりんの
魔法の言葉

私のいいところに気づいてくれて、「ありがとう」。

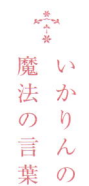

小さい頃の教えや、昔の経験をリセットする

ほめられたら「『ありがとう』と言ってみてください」とおすすめすると、このようなことを言う人がいます。

「ほめられて『ありがとう』なんて言ったら、調子に乗ってる！　って思われませんか？」

調子に乗ってる！　おおいにけっこうではありませんか。

調子に乗ってごきげんに生きていても、誰にも迷惑をかけません。

それどころかごきげんな人は、まわりの雰囲気を明るくしてくれることだってあるでしょう。

なのに、なぜか、「『ありがとう』と受け取るのは抵抗が……」という人が多かったりします。

どうしてでしょうか。

それは、**小さい頃から親や先生に、「ほめられたら謙遜しなさい」などと教わ**

った影響だったりします。

あるいは、学生時代、「かわいい」とほめられて素直に喜んでいたら、同級生の女の子たちから「何、あの子。ちょっとほめられたからって調子に乗ってるよね」と**陰口を言われて傷ついたからだったりします。**

だから、大人になった今でも、「ほめられたら『ありがとう』なんて受け取ったらダメ」と思いこんでしまう……。

それも、わかります。その思いこみを今でも引きずってしまうのも、無理はないのかもしれません。

でもね、大人になった今のあなたにならわかることもあるはずです。

謙遜せずに、ほめられて素直に喜ぶ姿もまた、ステキですよね。

日本人は、謙遜しがちですが、アメリカ人などは、ほめられたら素直に受け取ったり、人によっては、すごく喜んだりします。

その姿は決して不快なものや、失礼なものではないはずです。

あるいは、学生時代、「調子に乗ってるよね」なんて陰口を言っている、その女の子こそ、人間として美しいとはいえませんよね。

だからね、**大人になった今こそ、そんな「ほめられたら謙遜する」「ほめられて調子に乗ったらダメ」などの変な思いこみを捨ててほしいのです。**

「私は美人である」という美人マインドを育てるのに変な思いこみは不要。

と言いつつ、実は、私自身もほめ言葉が苦手でした。

昔の私は、ほめられても謙遜してばかりで……。「謙遜しなきゃダメ」と思っていたような気がします。

でも今では、すっかりほめ言葉を受け取るのがうまくなって上級者。

上級者になると、どうなると思いますか？？？

「脚がすっごくキレイ〜！」とか「笑顔がとてもステキですね」なんて人からほめられたりすると、「そうなの〜」と答えるのです（笑）。

だって、私も私の脚が好きだし、私も私の笑顔が好きなんです。

だから、「ありがとう」だけでなく、「同意」しちゃうんです。

いかりんの魔法の言葉

「美人ですね」と言われたら、「そうなの～」と返してもいい。

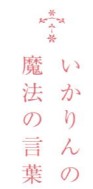

美人は「ゆるく」を心がける

前項のようなお話をしても、それでも「ありがとう」と言うにはやっぱり抵抗が……という人もいるでしょう。

「ありがとう」と言えないのは、まだ「私は美人である」と思えてないから。

そういう人に、おすすめなのは「かも」です。

「私って美人」と思えない場合でも、「私って美人かも」「ひょっとしたらキレイかも」くらいだったらどうですか。

「私って美人かも」くらいだったら、思えませんか。

だって、「かも」なんだから。間違っているとか、ないですから。

そして、「私って美人かも」と思えたら、ちょっと戸惑いつつも「あ、ありがとう」くらいには答えられるのではないでしょうか。

そう、**この「かも」って、実は美人マインドを育てるときに、とても「大切に**

したい言葉」だったりするのです。

たとえば、クライアントさんに「この服を着ましょう」とおすすめするとき、「こんなかわいい服、私には似合わない！　絶対無理です！」と言って、かたくなに否定する人がいます。

あるいは、「あなたはキレイよ」とほめたのに、「私がキレイだなんて嘘。お世辞を言っている」なんて、私の言葉を全然信じない人もいます。

どちらの人も、自分の考えや価値観を強く信じているんですね。

けれども、この自分の考え・価値観は、他人から見たら「え～そんなことないよ～」と言いたくなるものだったりします。

こうした**自分の考え・価値観を「これが正しい」「これが当たり前」と「正しさの枠」としてガッチガチに固めてしまうのは、実はとってても損。**

この「正しさの枠」があると、他人のとても大切なアドバイスを聞けなくなるから。自分と意見の違う人を拒絶したり、かたくなに自分の意見を押し通したりしてしまうから。

だから、なるべく「正しさの枠」をあんまりもちすぎないのが「美人マインド」といえます。

美しい人はみな、「ゆるさ」をもっているんですね。

じゃあ、この「正しさの枠」から出るにはどうしたらいいか。

こういうときに、先ほどの「かも」が役立つんです。

「私、間違ってるかも」

「あの人の言ってることって正しいかも」

と**「かも」をつけて言ってみると、「正しさの枠」がゆるみます。**

ここで、「私、間違ってる」と逆の方向に決めつけなくていいんです。

だって、「私、間違ってる」だと、ちょっとつらいですよね。

だから、「私は間違ってない」でも、「私、間違ってる」でもなく、「私、間違ってるかも」くらいのゆるさでＯＫ。

「私、間違ってるかも。でも、相手も間違ってるかも」でもいいんですよ。

これ、**「かも」じゃなく、「気がする」「多分」とかでもＯＫ**ですから。

いかりんの魔法の言葉

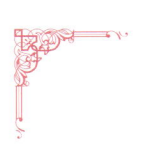

「かも」でゆるもう。「気がする」「多分」でもOK。

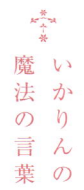

体も心も「流れ」を大切にする

セミナーや講演会などで数多くの女性たちと接していると、「変な思いこみ」や「正しさの枠」をもってしまう人は、実は多かったりします。

では、どうしたら、そんな「変な思いこみ」や「正しさの枠」にとらわれずにいられるのでしょうか。

「流れ」がキーワードになります。

美しい人は、暮らしの中で「流れ」を意識しているように思います。

たとえば、体。美人は、体の循環を大切にします。

だから、疲れたら、寝る。遊ぶときはめいっぱい遊ぶけど、疲れたら休みます。

疲れを「ためない」のです。たっぷり寝て、疲れを「流してしまう」のです。

ちなみに、私は便秘もしません（笑）。毎朝、常温のお水を飲んでいるせいか、もう20年くらい便秘知らずです。

美人は、体に悪いものをためこまないんですね。

結局、人間はチューブなのだと思います。
入れて出す、入れて出す。

感情もそうなんじゃないかな、と思います。
よい感情であれ、悪い感情であれ、わき上がったら、ためこまずに出せばいいんです。

そこを我慢してしまうから、「変な思いこみ」「正しさの枠」になってしまうのではないかな、と私は思っています。

心も「流れ」が大事。

たとえば、イヤなこと、ネガティブなことを言われたら、**我慢してためこまないこと**です。

友だちや親、恋人、道ですれ違った人、イヤな上司……世の中にはいろんな人がいます。思いもかけない言葉もかけられたりします。
そんなとき、イヤな気持ち、怒りの気持ち、悲しい気持ちになったとしても、あまり感情をぐっと抑えこみすぎないで。

とはいえ、直接相手に感情を出せるときばかりではありませんよね。

だったら、無理に出す必要はありません。

でも、わき上がった感情を我慢もしないでくださいね。

そういう場合は、お風呂に入って、その感情を言葉にしてみましょうか。

「あのとき、あんな言い方されて腹が立った」

「あの言葉にすごく傷ついた」

と、独り言でいいんです。

正直な気持ちは言葉にすると、不思議なことに消えていったりするんです。

もしも言いながら悲しくなったら、泣いてしまってもいい。

そんなとき、シャワーを浴びながらだともっと効果的です。

言葉ごと、感情ごと、涙ごと、シャワーで流すイメージ。

そうやって、**水に「流す」**のです。

それから寝ることで、心もどんどん循環していきますよ。

いかりんの
魔法の言葉

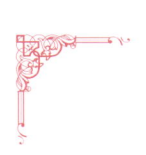

全部、流しちゃえばいい。

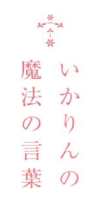

「できません」「イヤ」「ノー」をちゃんと言う

「美人である」という美人マインドをもつ人は、「いい人」ではありません。

他人の目を気にしすぎて遠慮したり、相手の期待に応えるために自分の気持ちを我慢したりしないからです。

私のまわりの美人たちも、時として「いい人」とはいえない人ばかりです。

女性同士の会話で、どんな話にも「うん、うん」とうなずくようなことはしません。悪口や噂話などが多くなって不快に思ったら、「私、帰るね」とさっと席を立てたりします。

あるいは、相談といいつつ、グチや文句ばかりを聞かされるようなことが続いたとします。そんなときは、自分の心を守るために、「その話はもうやめない？私は苦手、ちょっとイヤな気持ちになるんだ」と言えます。

頼まれごとをされたときにも、はっきりと「できません」と言ったりします。

「できない」ときは「できない」とキッパリしているのです。

自分の時間を犠牲にしすぎたり、自分の心を押し殺してまで、「わかりました」とは言いません。

「美人」は、「自分を大切にして、自分を最大限に活かして輝かせている人」。

そうお伝えしてきましたよね。

だから、**美しい人は、自分にとって不必要と思えば、「ノー」と言える人**です。

「いい人」でいることより、「自分の気持ち」のほうが最終的には大切。

時に「いい人」にはなれない場面があるのを、知っている人でもあります。

それをわかっているから、「ノー」を言えるし、「いい人」をやめることができるのです。


でも、ついつい「いい人」になってしまう。

そんなあなたの気持ちもわかります。

「自分を大切に」と思っていても、つい、自分の気持ちを抑えて、相手の気持ちを優先してしまう。

目の前の人を助けたくなって、自分の時間を犠牲にしてまで、手を差し伸べてしまう。

そんな優しいあなた、気づかい屋さんのあなたもまた、ステキです。

それもあなたの魅力ですから、無理に消す必要はないのかもしれません。

でもね、**「自分を大切にする」という美人マインドを育てるためには、少しずつ、「ノー」と言う練習をしてみる必要はあるのかもしれませんね。**

練習といっても、決まったやり方はとくにありません。

「イヤだな」と思ったら、「イヤです」と言えばいいだけ。

「行きたくないな」と思ったら、「行けません」と言えばいいだけ。

難しく考えず、シンプルにとらえてみてください。

ただ、「ノー」を言うのに、自分なりに言い方を工夫してもいいかもしれませんね。

私なら、時間が経ったらよけいに言いにくいし、さらに相手にイヤな思いをさせるので、できるだけすぐ言うようにしています。

自分らしく「ノー」と言えばいいのです。

いかりんの
魔法の言葉

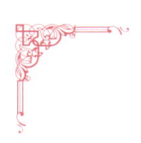

ただ単純に
イヤなことには
イヤと言う。

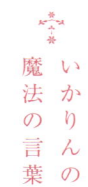

「嫌いたい人は、どうぞご自由に」のスタンスでいる

「美人である」と思えるようになると、「ほめ言葉を『ありがとう』と受け取る」「自分の気持ちを大切にして、イヤなときはノーと言う」ようになります。

こうお話しすると、人によっては、「え、そんなことして、嫌われませんか?」と心配される方がいます。

大丈夫。人から嫌われますから(笑)。

でもね、そもそも、「美人である」と思えないままのあなただって、「誰からも嫌われてない」と言いきれるでしょうか。

そう、**人がある一定の人から嫌われるのは当たり前。全員に好かれるわけはないのです。**

それに、そもそも「嫌う」って、そんないけないことかしら。

ただの感情です。

あなたにだって、いるのではありませんか。

嫌いな人、そりの合わない人、なんとなーく会いたくない人。

なのに、自分は「嫌われたくない」なんて、ちょっと図々しいかもしれません。

あなたを嫌う自由は誰にだってあります。


前のお話で「美人は、いい人ではない」「美人は自分の気持ちを大切にする」と言いました。

それでね、美人って、自分の気持ちをちゃんと大切にしているから、相手の気持ちも大切にするんです。


私が「私の気持ち」が大切なように、あなたも「あなたの気持ち」が大切よねって。


その気持ちの中には、「嫌う」という感情も入っているのです。

だから、相手が「嫌い」「イヤだ」という気持ちも尊重するのです。

こうなると、相手の「嫌い」という感情がそんなに気にならなくなります。

人間の感情なんて、どうすることもできないのだから、嫌われたら、「あ、そうですか」と受け入れるだけでＯＫ。

そこに、いいも悪いもないんですよね。

「好きでもないし、嫌いでもない」なんていうグレーもいっぱいあるし、「好きなんだけど、嫌い」なんていう矛盾も山ほどあります。

だから、「嫌いたい人は、どうぞご自由に」と思っているくらいがちょうどいいのかもしれません。

そう思えるようになると、安心して本当に感じていることを言葉にできるようになっていきます。

「一緒にいられてうれしい！」「この映画楽しい！」のようなポジティブな言葉はもちろん、「そんなこと言われると悲しい」「これは嫌いです」というネガティブな言葉でも。

そんな素直な表現・態度が「あなたらしさ」となって輝いていくのでしょう。

だから、どうか、**自分が本当に感じていること、本当に思っていることだけを言ってみてください、やってみてください。**

イヤなときに、無理に笑顔をつくって笑わなくても、いいんですよ。

いかりんの
魔法の言葉

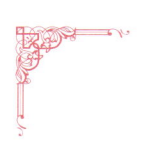

嫌うって、
ただの感情。

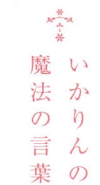

相手の「与えたい」気持ちを尊重する

私のところに来られる女性の中で、「苦手」と言う人が多いことがあります。それが「おごられる」こと。

たとえば、せっかくのデートなのに「割り勘にさせてください！」なんて、かたくなに財布を出したり。あるいは、年上の男性が「おごるよ」と言っても、「そんな、悪いので出させてください」なんてお金を机に置いてしまったり。

こういう女性たちは、「自分がおごられていい存在ではない」と思っているのかもしれません。

「自分には女性としての価値がない」「美人はおごられて当然だけど、私は美人ではないから」なんて思っている。

だから、「おごられるのが苦手」になったりします。

でもこれ、「美人である」と思っていたら、気持ちよくごちそうになります。

「自分はおごられていい存在である」と思えているから？

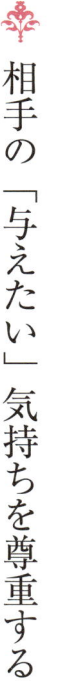

いいえ、違います。

そういう思いもあるでしょうが、それだけではないのです。

「相手の人が、『おごりたい』のであれば、その思いを否定せずに、受け取ってみよう」と思えているからです。

「ほめられたら『ありがとう』と受け取る」(P.60)のところでもお話ししましたが、「美人である」という美人マインドの一つは**「受け取り上手」**。

これは言い換えると、**「相手の気持ちを尊重する」ということでもあります。**


たとえば、私の経験をお話ししましょう。

以前、あるクライアントさんから、理由なく50万円がぽーんと振り込まれていたことがありました。

普通は、「受け取れない」と思ってドキドキするかもしれませんね。

「何かお返しをしなきゃ」「お返しできないから、お金を返さなきゃ」なんてね。

でも、そのときの私は、旅行中だったこともあって、すぐには連絡をとらず、「きっと私に使ってほしいという意味かもね」とゆったりかまえていました。

旅行から帰ってきて、その方に連絡したら、やっぱりそうでした。

「私の人生を変えてくれた碇谷さんに、ぜひ使ってもらいたかったんです」

この場合、「私には、そんな価値がないから」なんて返したりしたら、「使ってほしい」「与えたい」という相手の気持ちを否定することにもなります。

相手の気持ちを尊重し、お金を受け取ることも、ある意味、愛なんです。

おごられることも、受け取ること。

とはいえ、上手に「受け取る」ってけっこう難しいもの。

「親切」を受け取る。

「優しさ」を受け取る。

「助け」を受け取る。

「美人である」と思えていないうちは、難しく感じるかもしれませんね。

でも、「受け取る」んです。

そのなかでも、「お金」は、ハードルが高いかもしれない。

だから、抵抗があるかもしれませんが、受け取ってみる。

勇気を出して受け取ってみてくださいね。

いかりんの魔法の言葉

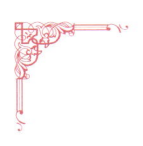

受け取ることも、「愛」。

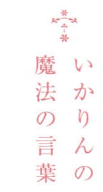

自分から差し出すことを恐れない

ここまで、美人は「受け取り上手」と言ってきました。

でもね、美人は「受け取り上手」なだけではありません。

「受け取り上手」とともに、「差し出し上手」だったりもします。

知り合いであれ、他人であれ、目の前の人には親切にするのが、美人マインドなのです。

「おごられ上手」でもあるのですが、「おごり上手」でもあるのです。

おごりたいと思ったら、さっとお金を出すのが美人マインド。

なぜなら、「美人は自分を大切にする人。自分と丁寧に向き合って、愛おしめる人」だからです。

自分をちゃんと大切にできる人、自分をちゃんと満たしている人は、相手に差し出すことを恐れません。

自分で自分を満たせているから、無理して他からもらおうとしないのです。

「足りない」と思ったら、自分が「いい」「気持ちいい」「好き」と思えることをして、自分で自分を幸せにしてあげられるんですね。

自分で自分を満たせている。

だから、他人からなんでももらおうとする「くれくれ星人」にはなりません。

それにね、美人マインドには、**根本的なところで「不安」や「不足」がないのです。**

なんとかなるって、信じているんです。

もちろん、日々の出来事で、不安になったり、不足を感じることはありますよ。

でも、**最終的には、大丈夫だってわかっている。**

私の場合、「ピンチになっても大丈夫」という自信があります。

「きっと助けてもらえる」と思うから。

そう思えるのは、自分が「人を助ける人」だからです。

自分が「人を助ける存在」でいると、「助けてもらえないかもしれない」という恐怖が溶けていくんですね、不思議と。

この「恐怖が溶けていく」のがとても重要だったりします。

自分にとって「助けるのが当たり前」だから、誰かの「助ける」を当たり前のように信じられるということです。

これは、特定の人の「助ける」を信じるというわけではないですよ。

パートナーや家族や友人に、「助けるのが当たり前でしょ」と思う依存心とは違います。

地球上のどこかの誰かは、その人にとって自然な形で、「助けるのが当たり前」と思って助けてくれる。そんな感じです。

こう思えるのが美人マインドです。

「美人マインド」が育っていったら、優しさも助けもお金も愛も「差し出す」ことが怖くなくなります。

だから、美人マインドを育てるためにも「差し出し上手」を意識してみてください。

「自分から差し出す」、とても大切なことです。

いかりんの魔法の言葉

私は満ち足りている。
だから、
自分から差し出そう。

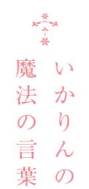

Chapter 3

「自分の根本と向き合う」ことが真の「美」をつくる

なかなか「美人である」(BE)
という意識をもてない人がいます。
それは、自分の中にこびりついてしまった
変な思いこみや歪んだ価値観があったりするから。
これらを手放すには、自分と向き合う必要があります。
自分の思いこみや価値観に大きな影響を与えた
「親」について考えることが大切だったりします。
そうして、変な思いこみや価値観をリセットして、
揺るぎない「美人マインド」が育っていくと、
自分らしい真の「美」が手に入るのですよ。

親からもらってしまった「かわいくない」を手放す

ここまでお伝えしてきたようなことをセミナーなどでお話ししても、それでも『私は美人である』なんて、絶対思えない」と言う人がいます。

なぜ、こんなにもかたくなに「美人である」と思えないのでしょうか。

前章で「今までの人生でつくってしまった変な思いこみを捨てることが大切」といったお話をしました（P.64）。

この「変な思いこみ」、それがあまりにも強すぎる場合は、親からもらっていることがほとんどだったりします。

たとえば、着ている服は素朴でも、かわいらしい雰囲気だったA子さん。

カウンセリングに来られたときに、「せっかくなんだし、女性らしいかわいい服を着てみましょう」とアドバイスしました。

ところが「そんな服、似合いません。絶対に着れません」ときっぱり。

なので、そのときは無理にすすめるのをやめて、A子さんの幼い頃のお話や親子関係について話を聞いてみることにしました。

するとA子さんは、幼い頃、お母さんに言われた言葉に傷ついた過去をお話ししてくださいました。

A子さんが、近所の量販店で「この服が着たい！」とかわいい服を着ようとしたところ、お母さんからこう言われたそうです。

「なんかあなたってフリルの服が似合わないわよね。○○ちゃんは、あんなに似合ってかわいいのに」

その言葉にとても傷ついて、フリルの服、かわいい服が苦手になったそうです。近所に住むかわいい○○ちゃんと比べられたのが、またよけいにショックだったらしく……。

その後も、かわいい服を着ると、「やっぱり似合わないよね。はぁ」などとも言われたようです。

だからでしょうか。A子さんは、「私には、フリルは似合わない」「かわいい服を着たらダメ」とそう思い続けてきたそうです。

このA子さんのような女性は、実はめずらしくありません。

とてもキレイな女性なのに、「どうせ私はキレイじゃない」「どうせ私には似合わない」と自分を否定したり、卑屈になる女性をよくお見かけします。

魅力的なのに、自分に×（バツ）をつけてばかりなのです。

なぜそう思うのか、掘り下げていくと、こうした答えが返ってきたりします。

「小さい頃、母親から『あなたはかわいくない』と言われてたんです」

「だって、親から、『そんな服着たらダメ』って言われたんです」

そう、**親の「何気ない一言」が杭のように刺さっているのです。**

そして、その何気ない一言がいつまでも胸に引っかかって、「私はダメ」と思ってしまっている……。

とっても、いじらしいですよね。

でも、**大人になっても、その「かわいくない」や「ダメ」をはずせなかったりするのではもったいない。**

親からもらってしまった「かわいくない」や「ダメ」を手放してみませんか？

いかりんの
魔法の言葉

昔、親が何気なく言った言葉は、もういいじゃないか。

親の言葉を「本当にそうなの？」と疑ってみる

「私は美人である」という美人マインドを育てるのに、親の教えが大きな障害となってしまうことがあります。

そういうときは、**親の言った言葉や教えが「本当にそうなの？」と疑ってみるといいかもしれません。**

たとえば、前項のA子さん。お母さんが「似合わない」と言ったけれども「本当にそうなの？」「本当に似合わない？」と疑ってみてもらいました。

まず、お母さんは、何気なく「似合ってないなぁ……」と言っただけの可能性があります。**素直に感想を言っただけ、という場合です。**

なのにA子さんのほうが、お母さんの何気ない言葉を重く受け止めてしまっただけなのかもしれません。

小さい頃のお母さんの言葉って意外と「絶対」だったりします。

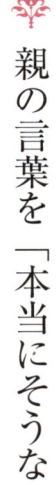

「宿題やらないと鬼がくるよ」とか「橋の下で拾われてきた」なんて明らかな嘘でも、子どもは真に受けてしまいがちです。

そう、**親にとって深い意味はない言葉でも、子どもは重く受け止めるもの。**

だから、母親が素直に何気なく「似合わない」といった言葉を100倍くらい重くA子さんが受け止めてしまったかもしれないのです。

だったら「似合わない」は「大げさ」ですよね。

あるいは、こんなふうにも疑ってもらいました。

お母さんが心配性で、「○○ちゃんと同じような服を着て並んだら、うちの子が損」と思って、でもそれを直接子どもに言ってもわからないから「似合わない」と単純な言葉に言い換えた、という場合です。

この場合、お母さんに悪気はありません。「お母さんのA子さんを思う気持ち」から出た「優しい嘘」だったりします。

「似合わない」のではなく、「○○ちゃんより似合わない」くらいですから。

親の教えは、心配な気持ちからくる「優しい嘘」ということもあるのです。

それを子どもは信じたりするのです。

あるいは、こんなケースだってあります。

お母さんの感性のほうがズレていて、心から、本当に「あなたにフリルは似合わない」と確信して、それを子どもに言った、という場合です。

でもね、**親には、親の感性があります。親子でも感性は同じではない。そして、親の感性のほうが「絶対正しい」わけでもなかったりするのです。**

親のほうの感性がちょっと〝個性的〟ということだってよくあることです。

親が言った「似合わない」という感性だけが正しいわけでもないのです。

このように、A子さんにはいろんな角度から「親の言うことは本当だった？」と疑ってもらいました。

すると、A子さんは「親の言葉が間違っていたかもしれません」と納得がいったようです。「ためしにかわいい服を買ってみようと思います」という言葉まで出てきました。

A子さんのように、**「親の言葉」と「現実」は違うかもしれない、と思えると、自由に服が選べたりするのです。**

いかりんの
魔法の言葉

それ、本当に本当？
親が、ただ思いつきで
言っていた
だけじゃない？

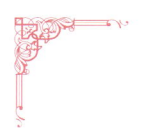

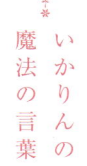

傷ついてしまった過去の「親の言葉」を探す

親の言葉や教えは、「なんとなくの感想」だったり、「心配からくる優しい嘘」だったり、「単なる自分独特の意見」だったりします。

だから、親のほうが間違っていたりもします。人間だから当然ですよね。間違いもすれば、カン違いもする。

でも、その言葉を真に受けたり、重く受け止めると、子どもは「変な思いこみ」をつくり上げてしまうことがあるのです。

そして、その「変な思いこみ」があなたの輝きを閉じこめているとしたら……手放してしまってもいいのではないでしょうか。

あなたがキレイになるのを止めている思いこみを、捨ててしまいましょう。

まず、大人になった今でも強く「私のここがダメ」と思っている部分を探してみてください。

「私の鼻が低くて恥ずかしい」「脚の形が悪いから細身のパンツははけない」のような感じです。

あるいは「どうせ私には似合わない」なんて思ってしまう服や色、格好なども自分の中に探してみましょう。

「どうせ私に華やかで明るい色の服は似合わない」「私には、赤色の口紅は似合わない」のような感じです。

そして、**その思いが生まれる原因となった親の言葉や教えがないかを思い出してみてください。**

そのうえで、次のような質問を投げかけてみてください。

「本当に親はあなたのことを『似合わない』『かわいくない』と思っている？」

「親にとっての『美しい』の基準が違っていただけじゃない？」

「ただ単に、親の言葉足らずだっただけで、そこまで『ダメ』と思っていたわけではないんじゃない？」

「親の理想が高すぎるだけじゃない？」

「親は、心配のあまり言いすぎただけじゃない?」

「親の感性と私の感性が違っただけじゃない?」


このように、**親の言葉を疑ってみる**のです。

すると、「親の思いこみだった」とか「心配な気持ちはわかるけど、『かわいくない』は言いすぎ」などと気づくことがあったりします。

そして、「気づく」と、ふと、「どうせ私には似合わない」から卒業できたりするんですよ。

やがて着られなかったはずの服が着られたり、絶対ダメだと思っていた赤色の口紅を塗れたりします。

気づくだけで変わり始めるのです。

親の言葉や教えは、「絶対」じゃない。

「正解」でもない。

「子どもより優れている」わけでもない。

そう気づくだけで変わったりするのです。

いかりんの
魔法の言葉

親から
もらってしまった
変な思いこみは何？

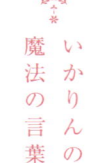

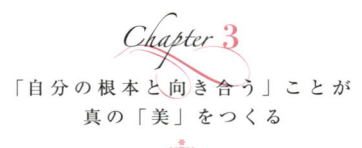

親の逆をやってみる

「親の言葉」「親の教え」は、「絶対」でも「正解」なわけでもない。

そうお伝えしても、それでもやっぱり「親の言うこともわかるのよね……」「お母さんは私のことを一番わかってくれる人だし」となる人もいます。

しょうがないですよね。幼い頃からしっかり抱いてきた親の言葉や教えですもの、そう簡単に手放せない人がいるのもわかります。

そういう方に、私がおすすめしているのは、**「親が言っていたのと、正反対の服を着てみる」**ことです。

幼い頃から、男性用のシャツを着せられて育ったE子さんという女性がいました。ふくよかで笑顔が素敵なアラフォー女性です。

「本当は女性らしいセクシーな服も着てみたいんです。でも、まわりから笑われるんじゃないかと思うと、なんだか怖くて」とおっしゃいます。

女性らしい体つきに雰囲気ですから、私も「似合うと思いますよ」とお伝えしました。

でも「やっぱり怖い」というE子さん。それまでの人生や親子関係についてお尋ねしてみました。

「洋服は、いつも兄からのおさがりでした。女性らしい服は着させてもらえず……。それに、母は私が女っぽくふるまうのを極端に嫌っていたんです。ボーイフレンドができそうになると『いやらしい』と言われたりして……」

そうしているうちに、女性としてふるまうのに居心地の悪さを感じるようになったとE子さんはおっしゃいます。

なので、私はここでE子さんに、「『みだらと思う服』を着てみませんか？」とおすすめしました。

「女性らしい服」でも「セクシーな服」でもよかったのですが、**「みだらな服」と極端に言ってみました。**このほうが効く場合があるからです。

そして、私と一緒に「みだらな服」と思う洋服を買いにいきました。

その洋服を勇気をふりしぼって着てみたE子さんは、こう言いました。

「なんだか、みだらな服を着た私もいいかもと思えたら、女性らしい服もセクシーな服も大丈夫、着てみたいという気になってきました」

そう、**親の教えとはまったく正反対の服を着ることで、思いこみがパッとはずれることがあるのです。**

E子さんはそれから、色のきれいなワンピースやセクシーなドレスを楽しめるようになりました。男性の前でも女性らしいふるまいが自然とできるようになったそうです。

さらに、ね、E子さんは、こうもおっしゃっていました。

「よく考えたら、母は私が女性らしくするのを全部否定していたわけじゃなくて、肯定していた部分もあったような気がします。私が女性らしくするのがイヤだったのも、思春期の私を守ろうとしただけのように思えて……。だから、大人になった今でも女性らしい服やセクシーな服を着たらダメなんて、私の思いこみだったのかもしれません」

服が変わると、親への思いも変わったりすることもあるんですよ。

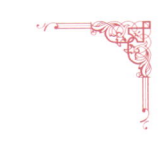

いかりんの
魔法の言葉

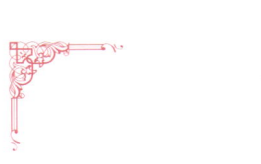

お母さんの言うことを聞かなくてもいい。

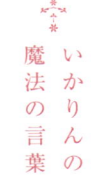

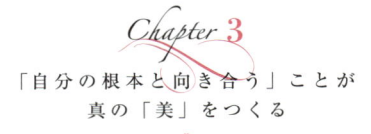

輝きを閉じこめる「教え」を捨てる

親の「言葉」や「教え」が輝きを閉じこめる足かせになるのは、何も、「服装」や「外見」に関することだけではありません。

たとえば、地方でバリバリ働いている40代前半のI子さん。ご両親の面倒を見ながら地道に堅実に暮らしていました。

「でも、一度しかない人生、やっぱり思いっきりキラキラしてみたい」と私のところに相談に来られたのでした。

最初にお会いしたとき、私はお話をうかがいながら、I子さんの「思いこみ」と向き合っていきました。

たくさんの「思いこみ」がありましたが、なかでも私が気になったのは、「自分のためにお金を使ってはいけない」という「思いこみ」でした。

お金はあるのに、お金を使うことにとても抵抗のある方だったのです。

I子さんは、小さい頃から親にこんなふうに言われていたそうです。

「自分の欲しいものにお金を使っちゃダメ」「ブランド物なんて必要ない。もっている人は下品」「ムダづかいは絶対しちゃダメ」「貯金しなさい」。

こう言う親に育てられると、それが「常識」「当たり前」と思いこんでしまいがちです。もっというと「法律」にまでなってしまいがちです。

ただ、このI子さんの親のように、「ムダづかいしてはダメ。貯めるほうが大事」という価値観をもつ人もいます。そうして洋服もバッグも化粧品もほとんど買わずに、つましく暮らす。

それはそれで、人生が満たされて幸せならいいと思います。

そんな暮らし方もポリシーがあって、シンプルでステキだと私は思います。

でもね、それが「親にやらされている」と感じるなら、あるいは、「なんだか息苦しい」と感じるなら、どうでしょうか。

せっかく女に生まれて、一度しかない人生、「キレイになりたい」「美しくありたい」と願っているのに、**お金のせいで輝けないのであれば、どうでしょうか。**

親の言葉や教えからくる「お金」に関する思いこみが、輝きを閉じこめてしまう原因、キレイの足かせになったりするのではもったいないと思うのです。

あとね、**「お金」とともに、よくある思いこみは、「年齢」です。**

あなたも、「もう○歳なんだから」だったり、「いい年してみっともない」などと、親に言われたことがありませんか。

けれども、よく考えたら、「○歳らしい服」なんて難しいですよね。

それに**「いい年して」なんて年齢による制限、もったいないですよね。**

80歳すぎて、赤い口紅を塗って、ピンヒールをはいている女性がネット上で話題になったのを見たことがあります。

いい年してみっともない？　いいえ、とってもステキでした！

親の教えからくる「お金」や「年齢」に関するタブー。それによって、「私はお金をかける価値のない人間」「どうせオバさんだし」なんて思いこむのは、残念。

服装や外見以外にも、あなたの輝きを閉じこめている「思いこみ」は実はたくさんあったりするんですよ。

さあ、そんな思いこみは捨ててしまいましょう。

いかりんの
魔法の言葉

何歳になっても、いくらかけても、おしゃれをしていい!

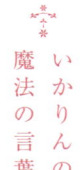

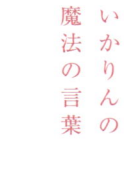

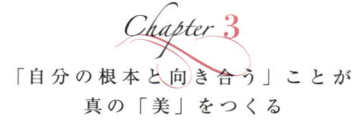

「親の言うこと」より「〜したい」を優先する

親からいろんな場面でもらってしまった「思いこみ」がキレイの足かせになります。輝きを閉じこめます。人生をせばめたりもします。

でも、親からもらってしまった「思いこみ」は意外と頑固で手ごわいもの。

そんな強い「思いこみ」を手放すときに、おすすめしている方法があります。

それは、**「親の言うこと」より「自分の『〜したい』」を優先すること。**

昔から親に言われてきたことよりも、「〜したい」「〜が欲しい」という「自分の気持ち」に素直になって行動してみるのです。

もちろんそれは、服装や美に関することでなくてもかまいません。

ふだんの生活やちょっとした習慣でもOKです。

◆「節約しなさい」と言われて育ったなら、「ムダづかい」と思っても、どうしても「買いたい」「欲しい」と思ったモノを買ってみる。

◆「いい年してみっともない」と言われても、「やりたいものはやりたい」で押し通す。
◆「残さずキレイに食べなさい」という教えなら、食べたいものを食べたいだけ食べて残してみる。
◆自分の予定を詳しく知りたがる親に、連絡しないでふらっと旅行に行ってみる。
◆お母さんから言われてイヤな言葉を「その言い方、イヤだからやめてほしい」と言ってみる。

なんでもいいんですね。

「自分が今まで押し殺していた気持ちを出してみる」「我慢していたことをやってみる」行動なら、なんでも。

そうやって、**「親の言葉どおりにしない」「親の言うことを聞かない」という行動を少しずつ重ねるんです。**

そして、そんな行動をしても「大丈夫」ということを、たくさん体験していくのです。

「親は親。自分は自分」ということを体験でわかっていくことが大事なんです。

「親の思いは親の思い。自分の思いは自分の思い。違っていい」ということを確認していってください。

「自分は、自分の気持ちを大切にして生きていい存在なんだ」ということを自分に刷りこんでいってください。


そうした行動を一つひとつ重ねていくと、人生全体が変わりだします。

もちろん、外見にもいい影響が出ます。

そうなると、自然と心から、

「なんだ、親の思いこみのせいで気づかなかったけど、私は美人だったんだ」

「親は親。私は私。私は美人として生きていいんだ」

という気持ちになっていったりするんですよ。

いかりんの
魔法の言葉

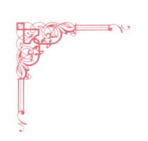

親と違っていい。

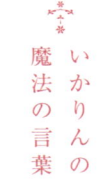

親を「許す」とキレイになれる

「親のこういうところが嫌い」と親を許してない部分があると、実は、自分のその部分も許せなくなって正反対の行動をとることがあります。

たとえば、派手な服装で、結婚・離婚をくり返して、男性関係も派手な母親がイヤな子は、地味で目立たないルックスを好んだりします。

親が先生で「服装の乱れは心の乱れ。常にきちんとしてなさい」と育てられ、そんな親がイヤな子は、反発心から、派手な格好をしたりします。

「親のイヤな部分、嫌いな部分」があると、それとは逆の方向に、自分のルックスや行動をもっていってしまうことがあるのです。

でも、それだと結局は、「親の反発から」なだけです。決して自分の好きなようには生きていません。**自分の「〜したい」を大切にしていません。**

こういう場合、美人として生き、人生を変えたいなら、「親を許す」こと。

「人生を変えたい」と遠くから会いにきてくれたH子さんのお話です。

彼女は精神疾患を患っている母親の介護のために、若い頃からずっと親のそばにいたそうです。

強い、しっかりした女性でした。

「人生を変えたい……でも母が」「今までだって好きに生きてきたかった。でも母がいて……」とお母さんのことが許せず、そんな自分も許せないようでした。

でも私は、H子さんが、お母さんの精神的に弱いところはイヤだけど、でも心の底では、とても「大好き」と思っているんだろうな、と感じました。

お母さんの「精神的に弱いところだけ嫌い」と言ったほうがいいのかもしれません。

そんな親が許せれば、H子さんは変わるのでは、と思ったのです。

だから、このようにお伝えしてみました。

「お母様の面倒をずっと見てきて、『なんで私ばっかり』と思うのね。『お母さん、もっとしっかりしてよ』と言いたいのよね。『私だって、私の好きなことしたい』って当然だと思うわ。H子さんはお母様に対して、言いたいことがいっぱいあるのね。それでもいいのよ。でも、お母様は天使でしょ?」

すると、H子さんは「そうだ……天使だ……」とつぶやき、大粒の涙を流されたのです。

子どもって心の底では誰でも「お母さん大好き!」だったりします。

とはいえ、生きていく過程では、そうは思えない出来事もたくさんあります。

そうは思えない部分もたくさんあります。

でも、それはしょうがない。

だって、違う人間なんですもの。

「母親が嫌い」なのではなく、「母親の嫌いな部分がある」こと。そして、「嫌いな部分は、イヤはイヤだけどしょうがない」と受け入れるのです。

自分の中に、親への「好き」な気持ちも「嫌い」な気持ちもあっていいと許すこと。「許せない部分」も含めて「好き」だと許すこと。

そう、**「親を許す」ことは、「自分を許す」ことなのです。**

そして、「自分を許す」ことができると自然と、「私は美人として生きる」ことも自分に許せるようになるのですよ。

いかりんの
魔法の言葉

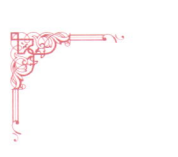

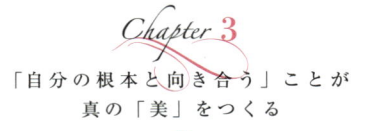

お母さん大好き。
でも、お母さんの
「ここだけ」イヤ。

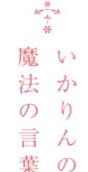

親から距離を置いて生きてみる

「親を許す」と急に言われても、つらいこともあると思うんです。

みなさん、今まで蓄積されてきたものもあるでしょうからね。

だからね、もしも、親の影響に縛られている自分に気づいたら、こんな言葉をつぶやいてみてください。

「私は親をほっといてもいい」

まずは親をほっとくだけでOK。許せなくてOK。

親をほっといて、自分を満たすことを優先する。それだけでもOKです。

私のところに相談にこられたD子さんという方がいました。

D子さんは、本来、透明感があって、30代後半のキレイな人。ただ、化粧っ気がなく地味な服装で、「美人」という雰囲気ではありませんでした。

それに、最初の相談は「キレイになりたい」という内容ではなく、「今の自分がイヤ」「自分をもっと好きになりたい」というものでした。

ただ、私が気になったのは、彼女のファッション。年齢のわりには本当に地味で、落ち着きすぎているような気がしたのです。

お話を聞くと、D子さんは親の会社を手伝ってはいるものの、お給料をもらっておらず、洋服はいつもお母さんに買ってもらっているとのこと。

これはD子さんにとって大きな問題のように感じました。

「今の自分がイヤ」なのは、ある意味、当たり前です。だって、親に服を買ってもらい、親に活動を制限され、働く場所は与えられているけれども自由になるお金はもらってないのです。

だから私は、D子さんに、次の「魔法の言葉」を言ってもらいました。

「『奴隷をやめてもいい』って言ってみて」

D子さんは、最初は「言えない」とためらっていました。彼女にとっては一緒に暮らしている親です。たった一人の母親です。ためらうのも、もっともです。

でも、何度か私がおすすめしていくうちに、観念したかのように、「奴隷をやめてもいい」とつぶやきました。

最初は苦しそうでしたよ。でも、言ってもらいました。

そして、お会いするたびに、何度もくり返し言ってもらいました。

すると、何度目かのとき、「あー私、奴隷だったわ」と心の底から声を出しておっしゃったのです。

それは、D子さんの心から親の呪縛がゆるんだ瞬間でした。

その後、D子さんには、親にお願いをして、手伝った分の給料をもらい、一人暮らしを始めてもらいました。なぜなら、親の呪縛がゆるんだとしても、親と一緒に生活をしているうちに、また、戻ってしまうことが多いからです。

それでは、せっかく「自分」が自分の中に戻ってきたのに、もったいない。

できれば、親と距離を置いて、親をほっておくのです。

後日のD子さん、離れて暮らすようになり、洋服も自分で買うようになり、どんどんどんどんキレイになっていきました。

親から離れて、自分の人生を満たす。とても大切なことです。

いかりんの
魔法の言葉

親から離れて、一人の大人の女性として生きていい。

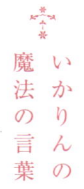

Chapter 4

とりあえず「外見を磨く」もやってみる

まずは、「美人である」という
自分の「あり方」（ＢＥ）を決めることが大事。
「私は美人」という揺るぎない
美人マインドをもつことのほうが大切。
でも、「そうはいっても、いきなりは変われない……」。
その気持ちも、じゅうぶんわかります。
だったら、時には「形から入る」のも有効。
外見が変われば、気持ちも変わるのが
人間だったりもします。
ここからは、「形から入る」ための
服装、髪型、美容法などをお話しします。

「美人になった私」の変化を楽しむ

ここまで「美人である」という意識をもつことについてお話ししてきました。

けれども、やっぱり「私は美人」だなんて急に思うことは難しい人もいるかもしれませんね。


「私は美人って思いたいけど、やっぱりためらっちゃう……」

「『私は美人である』と思えても、ふとしたときに『できない』となってしまう」

「親を許せると、美人になれるってわかっていても親を許せなくて……」

という人もいるでしょう。わかります。

それでもOKです。


ならば「美人である」（BE）を自分に課すのはいったん置いておきましょう。

そして「美人をやる」（DO）ことに専念しましょう。

Chapter 4
とりあえず「外見を磨く」もやってみる

私は、心理カウンセラーとして、心理・メンタルからアプローチして外見を変えるお手伝いをしています。

その一環として、「お買い物ツアー」というのもやっています。

クライアントと一緒に銀座などのショップに行き、洋服選びのアドバイスをしてお買い物をするサービスです。

その際に、私がおすすめする洋服を試着してもらいます。

もちろん、最初は「え⁉　こんな服着るの？」とためらう人も、「こんな派手なの着れない！」と拒否反応を示す人もめずらしくありません。

けれども、私が「似合う」とおすすめした服です。

「だまされたと思って」とか、「せっかく来たんだから」と少々強引に試着してもらって着てみると――。

「あれ？　あれれ？　私、似合っている……⁉」

「え、これが私⁉　キレイ、かも」

という状態に、みなさん、なります。

私がおすすめした服を着ることで、「美人になった私」に出会えるんですね。

視覚のパワー、ルックスのパワーってすごいです。

まさに、「百聞は一見にしかず」です。

自分の姿を鏡で見た瞬間、「あ！」みたいになって、殻が「ぱっかーん」と割れるのです。

だから、「美人である」（BE）と思えなくても、「美人をやる」（DO）こと。

そして、**「美人になった私」の変化を喜ぶ、楽しむこと。**

少しでも自分が美人になれたら、私の「私に対する見方」が変わるのです。

それにね、似合う服を着て家族や友人、職場の人の前に立つと、まわりの人の反応も変わったりします。

なかには「なんか雰囲気変わったね」と気づいたり、「その服、似合うよ」とほめてくれる人もいます。

すると、ますます「私は美人」の証拠が集まってきて、「私は美人」と思えるようになっていくんですよ。

プラスのスパイラル効果です。

だから、まずは、手っとり早く「美人をやる」のもおすすめです。

いかりんの魔法の言葉

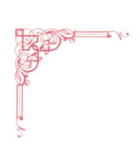

とりあえず「美人な私」に出会ってしまおう。

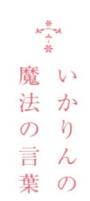

ショップの店員さんを味方につける

私のところへ来るクライアントさんのように、お金を出してアドバイザーに頼めればいいですが、正直なところ、「そういう余裕はないかも……」という人だって多いことでしょう。

そんな人でも大丈夫。

なぜなら、**「美人をやる」といったときに、「ショップの店員さん」が大きな味方となってくれるから**です。

ショップの店員さんは、あなたにとって、よきアドバイザーとなってくれる存在。

でも、若いときはショップに行って、あれこれ悩んで服を買っていた人でも、今は、ショップに行かなくなったという人も少なくありません。

「買い物は近所の量販店で、試着なんてしないで買います」

「太っちゃって、ついつい通販で着れそうな服ばかり買ってしまうの……」

といった声もよく聞きます。

それでは、もったいない！　ぜひ、実際にショップに行って、実際に着てみてから服を買うようにしてください。

ショップの店員さんこそ、味方につけたらありがたい存在なんです。

では、どうしたら、ショップの店員さんは、よきアドバイザーになってくれるでしょうか。


まずは、実際にショップに行って、店員さんとどんどん会話をしましょう。

「私、華やかなイメージの人になりたいの。どんな服を着たらいいかしら？」

「40代の知的で落ち着いた美しさをもつ人って、どんな服を着ている？」

「腰まわりのお肉が気になるのだけど、それを隠しつつ、ラインがキレイに見える服って何があるかしら？」

などと、自分のなりたいイメージ像や悩みを伝えつつ、いろいろきいていく。

相手は、ファッションのプロです。きちんとしたお店の店員さんであれば、こここぞとばかりに、答えてくれるでしょう。

そしてあなたの魅力を引き出してくれるはずです。

もちろん、お店によっては、力不足の人や、売り上げだけを考えている人、ノリの合わない人もいるかもしれません。でも、そういう人もいると割りきって、別の人にチャレンジすればいいだけです。

そうやってトライ＆エラーを重ねれば、適切なアドバイスをくれるステキなショップの店員さんに出会えるはずです。


とはいえ、どうしてもショップの店員さんが苦手という人。そういう人は、**美人の友人から客観的なアドバイスを受けてみてはいかがでしょうか。**

ぜひ、ステキだなと思う女友達に、一緒に買い物に行ってもらってみてください。そして、その女友達のアドバイスに素直に従ってみてください。

ショップの店員さんや、美人な女友達など、**「他人目線」の「プロ視点」が「美人をやる」のに大事だったりするんです。**

いかりんの魔法の言葉

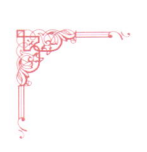

大丈夫！店員さんは私の味方。

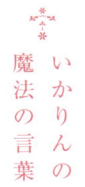

「髪型こそ印象を左右する」ことを学ぶ

「美人をやる」とき、「洋服を変える」のもいいですが、**美容院に行って「髪型を変える」**のもおすすめです。

洋服もね、メイクもね、すごく大事なんですけど、**意外とルックスを左右するのが「髪型」**なんです。

どんなに、キレイな服を着て、びしっとメイクをしても、髪型がルーズだと、どうしても「美人」と思えないときがあります。

たとえば、銀座《ぎんざ》の女将《おかみ》。美しい着物を着てきちんとメイクをしていても、髪が一筋でもたれていると、どうしても「生活の疲れ」が見えてしまうといいます。

あるいは、中学時代に不良と言われた人って、「金髪」だったりしませんか。髪を金髪にしただけで、なんだか「不良」と思われたりするものです。

ね、髪型がもつ印象って大きいと思いませんか。

だから、「美人をやる」ときには、服装も大事だけど、「髪型」を変えてみてほしいのです。

それにね、洋服よりも、髪型を変えるほうが、どんな服を着たとしても、印象がガラリと変わるほど根本的な変化につながるってことも。

髪型を自分に似合う、あか抜けたものに変えると、いつも着ている服でも美人に見える、というマジックもあるのです。

さらには、洋服ショップより、美容院のほうがいいメリットが一つあります。

それは、洋服ショップと違って、**美容院では、「自分でやる」ということができないこと。**

洋服は、ショップ店員さんの存在がなくても、やろうと思えば自分で洋服を選んで変身できます。

でも、美容院は、スタイリストさんの協力なしには、変身できません。必然的に、「プロにおまかせ」しないといけないところがあります。

「プロにおまかせ」する部分が多いと、劇的に変身しやすいもの。

その点は、洋服ショップより美容院のほうがいいのです。

私がクライアントさんをおすすめの美容院にお連れするときは、基本的にスタイリストさんに「全部おまかせ」にします。

ただ、リクエストが一つだけ。

「美人にしてください」です。

ちなみに、私のスタイリストさんは、お客様の顔はあんまり覚えられなくても、髪質、クセ、生え方などは忘れないとか（笑）。

そんな**プロから見た「美人の私」になってしまいましょう。**

ただ、もう少しクライアントさんに具体的なイメージがある場合は、それに近い憧れの女優さんなどの写真をもっていって、「この髪型にしてください」と言ったりもします。

いきなり美容室に行って、「美人にしてください」とハッキリ言うのは恥ずかしいという人には、これ、おすすめです。

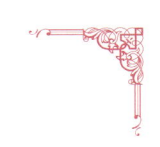

いかりんの
魔法の言葉

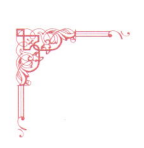

髪型を変えるのは、美人への早道。

実際に、見て、触れて、感じて、買う

「美人をやる」際は、必ずショップに行って、実際に着てみてから買ってほしいと言いました。

それは、「プロのアドバイスを受け入れて、まずは『美人に変身する』ことからやってほしいため」です。

ただね、それ以外にも、もう一つ大きな理由があります。

それは、**「自分に似合うものを一生懸命探して、試して」という行動は、「自分を大切にすること」だからです。**

だって、あなたがとても大切に思っている人へプレゼントを買うとき、通販で適当なものを買いますか。

いろいろ迷って、お店を何軒もまわって、「あれがいいかな」「こっちもいいかも」「あ、あのほうがいい！」なんて、なりませんか。

そう、自分を大切に思うなら、自分に対してもその行動をとりましょう。

そうやって、**手間暇かけて自分のものを選んでいくことは、自分を大切にしているというメッセージ。**

自分に似合うかどうか、自分の気持ちにフィットするかどうかを感じながら選ぶ行為は、自分を丁寧に大事に扱うことと同じなのです。

これも一つの「美人をやる」ということなのです。


このように思うから、**私は洋服以外も、基本的に見て、触れて、買います。**

食器や文房具、家具など、暮らしの中で自分が使うものを買うとき、

「自分が持ってみて、さわってみて、心地いいかどうか」

「自分が使うものとして、感覚的にしっくりくるかどうか」

それをちゃんと考えて選ぶのです。

安いとか、使いやすいとかではなく、ね。

大切な自分、美しい自分が使うものとして、適切なものかどうかを、見て、触れて、感じて選ぶのです。

ちなみに、セミナーで使うノートや名札を、私は基本的に文房具の老舗《しにせ》・伊東《いとう》屋《や》さんで選んでいます。

ノートでも手紙やはがきでも、「どんな紙質を使っているのか」「色は、白なのかクリーム色なのか」など、実際に見てみないとわかりません。

白は白でも、ちょっとした違いがあるものです。

紙質も、さわってみると、ツルッとしたものから、ザラつき感があるものまで、本当にさまざまだな、と思います。

いろんなことを感じながら、想像しながら、じっくり選ぶ時間もまた、愉しかったりするのですよ。

自分自身が毎日の暮らしの中で、見て、触れて、使うものだからこそ、自分が「いいなぁ」と思う感覚を大事にしたいものです。

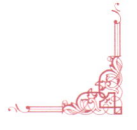

いかりんの
魔法の言葉

「いいなぁ」と思う感覚が大切。

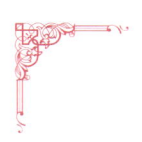

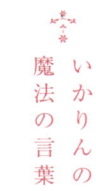

大人の美容は「心地いい」を大事にする

「美人をやる」なら、やっぱり美容は欠かせません。

カサカサのお肌だったり、吹き出物がたくさんのお肌でいては、「自分を大切にしている人」の印象からはほど遠いものがあります。

「美人をやる」ならば、肌や髪も含め「美容」に気をつかったほうがいいといえるでしょう。

それに何より肌がキレイなら、メイクのノリもいいし、それだけで気持ちがアップしますよね。

ではここで、私が美容で大切にしていることをお伝えしましょう。

それは、**「自分の心地よさ」**です。

たとえば化粧品だったら、つけたときの感触はどうか。香りはどうか。つけた後の肌ざわりはどうか。

それらの「心地よさ」を一番大事にしているのです。

「自分の心地よさ」を何より大事にしてるので、ブランドや値段はあまり関係ありません。

昔はブランドものを使ったり、高価なラインでそろえたり、いろいろやってみたこともありましたよ。でもね、今はこう思います。

ブランドより、ラインをそろえることより、値段が高いかどうかより、自分が「心地いい」と思えるかどうかが大事、って。

「自分の心地よさ」を優先する。これが一番です。

実は私、クレンジングなんて、コンビニで買えるようなお手頃なものを使っていたりします。

「ずいぶんリーズナブルな化粧品を使っているのね」なんて一緒に旅行に行った友人にびっくりされたこともあります（笑）。

でも、気にしません。

私が「心地いい」と思ったものですから。

ちなみに、ブランドや値段にはこだわりませんが、こだわっているのが、「化粧水のつけ方」です。

友人のヘアメイクさんに教えてもらったつけ方です。アゴからコメカミ、そして首筋にかけて、マッサージしながらリンパを流すようにつけます。

すると、化粧水を肌が吸いこんでくれるのです。

それまではすごい乾燥肌で、冬になるとガサガサになってしまっていたのですが、この方法をしてからはしっかり潤っています。

それでね、マッサージしながら化粧水をつける間は、こう思っています。

化粧水をつけている時間は、最高の「美しさをつくる時間」。

だから、**自分をかわいがりながら、いたわりながら、そっと愛おしむように化粧水をしみこませていっています。**

大好きな香りや感触を楽しみながら、ね。

いかりんの魔法の言葉

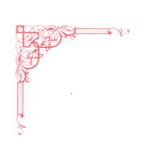

ブランドより値段より「心地いい」という感性だけで選ぼう。

「やっちゃった！」な自分も許す、甘やかす

まだ、会社勤めをしている40歳の頃でした。

あるとき、私は、お化粧を落とさないまま寝てしまったことがあったんです。

「ああ、やっちゃったなぁ」と思いました。

「化粧を落とさないで寝るなんて、私、最低……」と思ったんです。

そのことを、ついぽろっと美人な後輩に口にしたときのことです。

とびきり美人な後輩、さらっと、こう言ったのです。

「お化粧したまま寝るのって、自分へのご褒美ですよね～♪」

私はその言葉を聞いて、自分の思いこみが「ぱっかーん」と割れる気がしました。

「お化粧したまま寝るのって、自分へのご褒美！！！」

一瞬とっても驚いたけど、でも、本当にそうだなと思ったんです。

毎日がんばって働いているんですもの、時に疲れて「化粧を落とさずに寝る」ことがあっても、それは自分へのご褒美だな、と。

私はそれまで、化粧を落とさずに寝てしまうことがあると、自分を責めてばかりいました。

「ああ、またやっちゃった！」なんて罪悪感をもっていました。

すると次の日の朝、吹き出物ができたり、肌が荒れたりしました。

ところが、後輩の言葉を聞いてから、化粧したまま寝てしまうことに罪悪感をもたなくなったんです。

そうしたらなんと、肌が荒れないんです。びっくりです。

これって、「罪悪感がないから」なんですよね。

実は、この「罪悪感」こそが、美の敵。

美は「今の自分を受け入れた」ところに宿るとお話ししましたよね。

罪悪感をもち、自分を罰しているうちは、自分を受け入れられていません。

だから、美人にとって大切なのはメイクを完璧に落として寝ることではなく、**「罪悪感」をとり去ること**だったりします。

一生懸命仕事をしていたり、家庭のことをしていたりすると、

「しまった！　メイクを落とさずに、寝ちゃった！」

「ダイエットしてるのに、また食べすぎた……」

なんてこと、誰にだって、どうしたってあります（私も、実は、たまに、あります！）。

こういうときは、「うん、ご褒美♪」で終わり。

自分を否定しない。責めない。


ダイエットも「食べすぎちゃった……」とクヨクヨすればするほど、脂肪がたまってしまうと聞いたことがあります。

「食べすぎちゃった……」と自分を責めるより、「美味しく食べたのは、自分へのご褒美ね♪」と思えばいいのです。


大切なことは、自分を否定しないこと。

罪悪感で自分を責めないこと。

だから、化粧を落とさない自分もＯＫ。食べすぎちゃう自分もＯＫ。

自分を必要以上に責めないで、「自分にＯＫを出す」を意識してくださいね。

いかりんの魔法の言葉

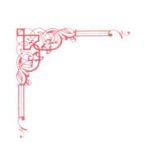

「やっちゃった！」は、「ご褒美♪」で終わり。

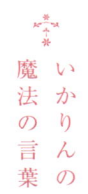

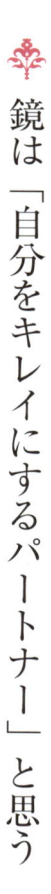

鏡は「自分をキレイにするパートナー」と思う

美しい人は、ちゃんと鏡で自分を見ています。

自分の外見を鏡できちんと定期的にチェックしているのです。

私は私を大事にしているか。

私は私を愛しているか。

そういうところを定期的に確認するために鏡を見ているのです。

自分の体や心を満たしていないと、美もすさんでいきます。

逆に言えば、美がすさんでいるということは、あなたがあなたの心や体を満たしていない証拠ということだったりもします。

そのためのチェック機能として鏡を見てほしいのです。

さらにはね、鏡を見るときはぜひ、鏡に向かって、自分に語りかけてほしいのです。

「おはよう」「キレイよ」「ステキね」「お疲れさま」って。

もちろん、私はそんなふうに毎日鏡を見て、語りかけ、自分をほめます。

だって、私が一番、私を大事にして、かわいがれるのですもの。

鏡に映る私は、誰より大切で愛おしいもの。

そう思えば、鏡に向かっていたわる言葉も自然と出てきます。

また、いたわるだけでなく、自分の体がたるんできていないか、シワやシミができていないかを確認することもできます。

「いかりんに会って、鏡を見るのがイヤじゃなくなった」

というメッセージをいただいたことがありました。

「自分を『イヤだ』と思っていたら見るのが苦痛の鏡でも、『私がこれからどれだけキレイになれるか、美しくなれるかを実験するときのパートナーが鏡』。そう思えば、見るのがイヤでなくなりませんか」

という私の言葉に「なるほど！」と思われたようです。

それからは、「鏡を見ること」＝「自分を批判すること」「自分のイヤな面を見ること」ではなくなったそうです。

鏡は、あなたが「美人をやる」ときの大事なパートナー。

だから、鏡の自分を見て、「なんで、私の目ってこうなんだろう」「私の鼻がイヤ」なんて、自分を見て批判したり、責めてはNGです。

美人は、「私という資源を最大限に活かすこと」を何より優先します。

そして、自分のイヤな面を追及しません。

「どうしたら、私はもっとキレイになれる？」

「ここを強調したら、美しくなるかしら？」

と鏡を見ながら、磨くことを大切にしてみてください。

そうそう、白雪姫の魔女のように、「世界で一番美しいのは〜」などと誰かと比較するのはダメですよ。

それより、**「私はキレイ」「もっともっと美しくなるわ」と鏡に語りかけて「良い呪い」をかけちゃいましょう♪**

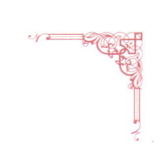

いかりんの
魔法の言葉

鏡に映る私は、大切で愛おしい宝物♡

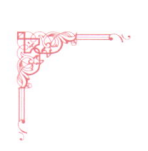

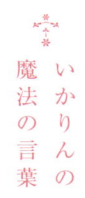

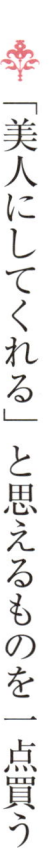

「美人にしてくれる」と思えるものを一点買う

「ラナイ島」という島を知っていますか。

ハワイ諸島の中でもっとも人口の少ない、天国のように美しい島です。

私はラナイ島が大好きで、今まで数えきれないくらい訪れました。

そのラナイ島のホテルのブティックに、それはそれはステキなサンドレスがそろっているんですね。

私はこれを「魔法のサンドレス」と呼んでいます。

なぜか、魔法にかかったかのように私の気分を上げてくれるから。

洋服って、自分に似合うものばかりを着なくてもいいと思うのです。

なぜか「それを着ていると自分がハッピーになれる」「なんだか自分のテンションが上がる」そんな服を選んでもいいと思うのです。

洋服なんて好きなのを着たらいいのよ、とも思うのです。

そうして、幸せな気分、高揚感をもっていたら、そのメンタルの効果でキレイに見えたりするものです。

だから、あなたも、なんだか魔法がかかったかのように気分が上がる洋服や靴、バッグを手に入れて、身につけてみてください。

「この服を着るだけで、私は女優気分」

「この靴をはけば、モデルになったよう」

「このバッグを持てば、自信をもって歩ける」

なんて思えれば、自分の過ごす時間がガラリと変わったりするのですよ。


そんな服や靴がイマイチわからない、という人もいます。

そういうときは、「ステキだなぁ」と思える人が着ていた服、憧れのタレントさんがはいていた靴、雑誌で好きなモデルが持っていたバッグ。そういうものを一つ、自分でもってみるというのもおすすめです。

「それを身につけると、自分も輝いている存在になれる、美しくなれる」と思いませんか。

その効果を利用するのです。

「私は美人である」と思えないときは、「あの人は美人である」と思う人の力を借りるのです。これも「美人をやる」には大切なこと。

同じものを手に入れ、それに似合う自分になろうと行動していく。

美しいと感じる人、憧れの人や、目指すべき人と同じものを自分のものにする行為には、そんな魔法のような効果があるように思います。

ちなみに、先ほどのラナイ島のサンドレス。5万円くらいする、決して安くはないものですが、ふだんあまりファッションにお金をかけない友人やクライアントさんからも「買ってきて」とお願いされるくらい大人気です。

私が、ラナイ島でそのサンドレスを着ていると、ひときわ美人に見えるからだそうです。

だから、なんだか自分まで欲しくなるのだそうですよ。

さて、今のあなたは何を手に入れますか?

いかりんの
魔法の言葉

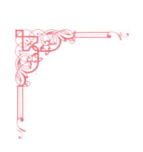

一点豪華主義でもいい。

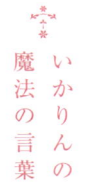

自分のイヤな外見は変えてしまってもいい

私のクライアントさんで、いろいろ悩んでいて「人生を変えたい」と私のところに来られた方がいました。思考がネガティブになっていて、さらには、外に出るのもおっくうだと、半分引きこもり状態でした。

でも、時間をかけてお話を聞いていくと、「美しい女性になって輝きたい」そんな願望ももっていらっしゃったのです。

その方に、あるアドバイスをしたら、ガラリと変身され、はっとするくらい美しくなっていかれました。

そのアドバイスとは何だと思いますか？

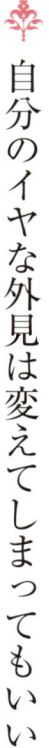

それは「ホクロをとること」です。

その方は顔に大きなホクロがあることをとても気にされていて。外に出るときも、「みんな私のホクロを見ている気がする」となって外出がイヤになることすらあったそうです。

だから、私は「そんなに気になるなら、いっそホクロをとってみたらいかがですか？」とアドバイスしたのです。

ホクロは、今、美容外科に行けばすぐにとれます。私も以前、ホクロをとったことをお話ししたら、安心されたのか「私もとってみる！」となりました。

そして、思いきってホクロをとったとたん、その人の雰囲気がガラリと変わったのです。

もちろん、見た目も変わりましたよ。

でも、見た目以上に意識が変わりました。

「美しくなるために行動できた」ことが彼女に自信を与えたのです。

「美人は今の自分を大切にして、いいところを伸ばすって言っているのに、プチ整形ですか!?」と驚かれる方もいるかもしれませんね。

でも、大事なのは、「見た目」が変わることで「意識」が変わること。

その後、彼女は、ヘアスタイルを似合うものに変え、ダイエットにも成功し、楽しそうに自己改造していきました。

それまで、半分引きこもり状態だったのに、今では「得意分野を活かしてセミナーを開こうかな」なんて言うくらい、イキイキと生活されてます。

彼女を変えたのは、たった一つのホクロだったんですね。

だから、自分がどうしても気になってしまうところ、コンプレックスになってしまうところは、改造してしまっていいと私は思います。

「美しくなるために改造しなきゃいけない」ではなくて、「改造することで『美人をやる』テンションが上がるなら、アリ！」ということです。

プチ整形でも、イボとりでも、白髪染めでも、ネイルでも、ピアスでも、ダイエットでもいい。

気になるコンプレックスがあったら、なんでもやってみてください。

いかりんの魔法の言葉

外見でイヤなものは手放すのも、アリ！

Chapter 5

ニュアンス最強！美人の「ふるまい」「しぐさ」を身につける

美人かどうかを決めるのは、
顔だちが整っているか、ステキな服を着ているか、
などの「外見」だけではありません。
もちろん、それらを磨くのも大切ですが、
ふるまいやしぐさ、言葉も大切だったりします。
その中に「美人っぽいニュアンス」があれば、
人は「美人」と思ったりするものです。
年を重ねれば重ねるほど、そうかもしれません。
本章では、「美人っぽいニュアンス」をつくり上げる
ふるまい、しぐさ、言葉づかいなどをご紹介します。

「言葉づかい」一つで印象を変える

「美人」に見えるかどうか。

それは言葉づかい一つといっても過言ではないかもしれません。

言葉づかいを変えるだけで、あなたの印象は180度変わります。

どんな美人、キレイな人でも「バカ野郎」とか「ふざけんな」なんて言葉づかいをしている人がいたら、台なしですよね。

〝言葉〟も「美人をやる」うえでとても大切な要素。

だから、セミナーなどでも、「〝言葉〟を大事にしましょう」とお話ししています。

そのことを話すとき、私の元夫の母親、つまり義母のことをよく例にしています。義母は、とても美しい人でした。見た目はもちろん、ふるまいも言葉づかいも何もかも。

今でも、これまで出会った中で一番美しい人だと思っています。

彼女の存在を「美しい人」にしていたのは、言葉づかいの影響も大きかったのです。

義母は、「わたくし、○○ですのよ」といった丁寧な言葉を話す女性でしたが、それがとても自然に品よく聞こえるのです。

美しい彼女が美しい言葉を使う、そのことがとても魅力的で。

彼女の口ぶりを、よく真似したものです。

私は、彼女の影響で今でも多用している言葉があります。

それが「恐れ入ります」という言葉。

「恐れ入りますが、お会計をお願いできますか？」

「恐れ入りますが、それをとっていただけますか？」

何かお願いをするときに、「恐れ入ります」をつけるだけで、丁寧さと気品がただようのです。

義母が「恐れ入ります」を口にするとき、とても優雅で品のある女性に思えたのを記憶しています。だから、私は、この言葉が今でもとても好きなのです。

試しに、あなたもこの言葉を使ってみてくださいね。

きっと優雅で品のある女性に見せてくれることでしょう。


他には、こういう言葉もおすすめです。

レストランやショップなどで店員さんを呼ぶとき、「すみません」ではなく、「お願いします」。

仕事の取引先や目上の方に「手伝って」や「協力して」ではなく、「お力添えいただけますか」。

このように、**ほんのささいな言葉だったとしても、「美しい言葉」を使うと、印象がガラリと変わるのですよ。**

街角で、オフィスで、お友だちとの会話の中で、「美しいなぁ」と思う人の会話に耳をすませてみてください。

その中で「いいなぁ」と思う言葉があったら、そのフレーズを丸ごと真似する。

そうしたことが大事なことかもしれません。

いかりんの
魔法の言葉

美人の言葉づかいを
真似してしまおう。

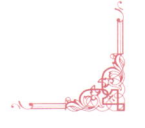

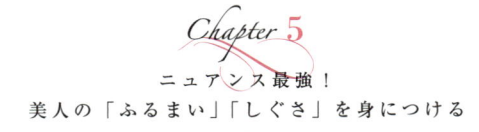

ポジティブな言葉の力を味方にする

P.56〜57のお話で「自分に投げかける言葉で自分の意識・メンタルが変わる」とお伝えしました。

ですから、その力を借りるため、各項目のうしろに「魔法の言葉」をつけたのです。

これって、「相手に向かって放つ言葉」も同じだったりします。

「相手に話す言葉によって、相手が感じる意識・メンタルが変わる」のです。

たとえば、パートナーが欲しいのに、人見知りで男性と出会えないと悩んでいたM美さん。彼女の話をよくよく聞いてみると、自分が少しふくよかなことを大変気にされているようでした。

そんなM美さんの口グセは、「どうせ私なんてモテないし」「私、太っているから」「脚の細い人がうらやましい」などのネガティブな言葉ばかり。

ネガティブな言葉ばかりが出てきたら、聞いているほうは、「モテないわけではない」「太ってない」と思っていても、つい、言葉に引っぱられてマイナスイメージをもってしまいがちです。

初対面で、相手にネガティブな印象をもっていなくても、相手が「私なんか、もうオバさんだし」「どうせ私は、地味で存在感ないので」などと自己紹介したなら、その印象が強くなってしまいませんか。

「自分を悪く言うこと」は、「相手にも悪く思っていいという許可をあげること」だったりするんですよ。

だから美人は、「私なんか」とは言いません。

美人は、「どうせ私は○○だから」とスネたりもしません。

美人は、自分を卑下する言葉は使わないのです。

そう、「美人をやる」なら、なるべく自分の口から発する言葉はポジティブに変えてみてください。

言葉って不思議なもの。

たいていの短所は長所に言い換えることができます。

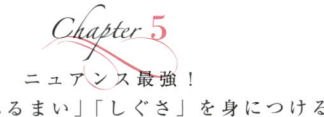

「太っている」ということも、「おおらかなイメージ」「優しそうに見える」「ムチムチしていて女性らしい」などと置き換えられるのです。

「モテない」ではなくて、「奥手で、なかなか人を好きになれない」とか「恋愛するのに時間がかかる」でもいいと思います。

同じ現実を言い表すにも、いろんな表現方法があるのです。美人は、ポジティブの方向、明るい方向で表現するのがうまいと感じます。

あるいは、**良い悪いの判断をはさまない表現もいいかもしれませんね。**

「イヤなことがあった」ではなくて、「困難なことがあった」。

「不快な出来事」よりは「斬新な出来事」。

これなら、良いも悪いもはっきりとは言っていませんよね。

こうした表現方法も学んでいってみてください。

だって、いろんな表現方法がある中で、あえて相手に悪い印象を残す言葉を使う意味はあんまりないかな、と思うから。

Chapter 5

ニュアンス最強！
美人の「ふるまい」「しぐさ」を身につける

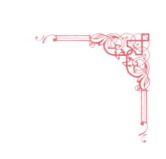

いかりんの
魔法の言葉

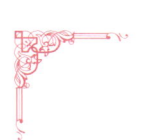

自分の言葉で
相手の意識に
魔法をかけよう。

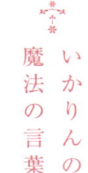

ネガティブな言葉の出し方を学ぶ

前項で、「美人はポジティブな言葉の力を味方にする」とお話ししました。

ですが、人間生きていれば、イヤな気持ちになることもあります。不快な気持ちにとらわれることも時にはあるでしょう。

なのに、それを否定するのは「美人」とはいえません。

ここまでも何度かお話ししましたが、「美人」には、「素直」であり、「正直」なことも大切。

だから、**「怒り」や「悲しみ」や「せつなさ」などマイナスの感情がわいたとき、無理に隠したり、押し殺したりもしません。**

きちんとマイナスの感情にも、正直に向き合います。

自分の中にわき上がった感情ですから、素直に出します。

ネガティブな言葉も言ってもいいと思っています。

もちろん、「ムカついたから、キレちゃった」「悲しいから、『ひどい！』と言いながら泣いてしまった」みたいな出し方はしません。それでは、大人の女性として美しいとは言いがたいでしょう。

つまり、**「出し方」が問題**なんですよね。

ポイントは二つあります。

まず、何より大事なポイントは、**「相手の行動を責める」のではなく、「自分の本当の気持ちを出すこと」**です。

ついつい、「あなたの態度はひどい」と言ってしまいがちです。

でも、「そんな態度をとられると、私はつらい」と言います。

「そんな言い方、ありえない」と相手を責めてしまいたいこともあるでしょう。

でも、「その言い方されると、私は悲しい」と言います。

どちらも、**「私」を主語にしています。そして「つらい」「悲しい」と自分の本当の気持ちを出しています。**

これならば、相手を責めたり、非難したりしているわけではありません。だから、相手にも自分の素直な気持ちが伝わりやすいのです。

あくまでも、自分の気持ちを素直に、正直に出すこと。

それが大切なポイントです。


次に大切なポイントが、「自分の本当の気持ちを出す」にしても、「ぶつける」のはやめたほうがいいということ。

言葉は「ぶつける」ものではなく、「伝える」ものです。

私なりのイメージでいえば、「伝える」よりも「そっと差し出す」くらいでもいいかもしれません。


この二つが「ネガティブな言葉の出し方」の大切なポイントだと私はお伝えしています。

自分の本当の気持ちをそっと差し出す。

そんなことを意識してみてくださいね。

いかりんの魔法の言葉

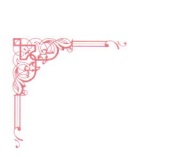

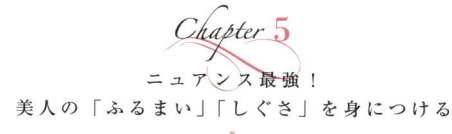

「私」を主語にする。そして本当の気持ちをそっと差し出そう。

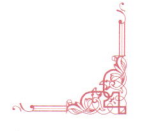

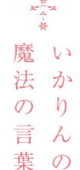

美人はゆっくり話す

丁寧で上品な言葉を使ったり、ポジティブな言葉を選ぶことも大事ですが、意外と**「言い方」**も大事だったりします。

たとえば「わかりません」というセリフ。

まずは、「わかりません！」と早口に一気に言ってみてください。

次に、2倍くらいの遅さで、「わかりません」とゆっくり落ち着いた声で言ってみてください。

どちらが柔らかく、優雅に聞こえると思いますか。

もちろん、後者でしょう。

選択している言葉や、話している内容も大事なのですが、**意外と大事なのが話す速度や声のトーンだったりするのです。**

だから、**同じ言葉、似たような会話内容でも、ゆっくり丁寧に話すだけで、と**

でも上品、美しく見えるのですよ。

ゆっくり、ゆったり、が美人の秘訣です。

なんて、かく言う私にも、実は「せっかち」な部分があって、つい早口になりがち。心理カウンセラーになりたての頃は、ちょっぴり悩んだこともありました。

そんな私に心屋仁之助さんがくれたアドバイスがあります。

それは、「あんなぁ」と一言言ってから話すこと。

「もっと自分の気持ちを大切にしたほうがいいですよ」ではなく、「あんなぁ、、、、もっと自分の気持ちを大切にしたほうがいいですよ」というように。

すると不思議、「あんなぁ」と関西弁のゆるい言葉をはさむだけで、話すテンポもゆるむのです。

私は東京育ちですので、「エセ関西弁」になってしまいますが（笑）。

もし、関西弁に抵抗があるなら、「あんなぁ」ではなく、「そうねぇ」などの言葉でもいいかもしれません。

話す前に、ゆるむ言葉をはさむ。

それだけで話すテンポが変わったりするものですよ。おすすめです。

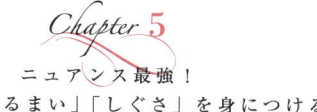

また、美人は「話しすぎない」こともセオリーかもしれません。

時として「あれも言いたい」「これも言いたい」とばかりに、マシンガンのように話してしまわれる女性がいます。

いくらキレイでも、やはり「美人」とは言いがたいケースが多いものです。

もちろん、それが、今日あったうれしいことや楽しいことを、思いがあふれるように話しているなどのケースなら、また違う印象かもしれません。

けれども、「話さないと私をわかってもらえないようで、不安」のような感じで口早に話している様子は、やはり美しくはありません。

相手の気持ちを気にしないで話し続けている様子も、美人にふさわしくはないでしょう。

話す分量にも「適量」を知っていること。

それが美人のふるまいだと思います。

いかりんの
魔法の言葉

話すときは、
ゆっくり、
ゆったり。

時間の使い方に「自分」をもつ

「ゆっくり」が大切なのは、「話し方」だけではありません。

「動作」や「ふるまい」も同じだと思います。

動くとき、「1・5倍くらい、ゆ〜っくり動く」を意識してみてください。

どんなに相手がせかせかしても、そこはマイペース。あくまでも1・5倍ゆっくり時間をかけてみるのです。

するとエレガントに美しく見えるし、気持ちもカリカリしないで、おだやかになってくるんですね。

あせらないで、ゆったり動く。

これだけで、「美人」に見えたりするから不思議です。

そう、美人はあせって走ったりしないものです。

だって、吉永小百合さんのような大女優が、「あせって走ってきて撮影入り」なんて想像つかないですよね。

車からゆったり降りてくるイメージ、ではないでしょうか。

そう、美人は、優雅に自分のペースを守ります。

だからといって、他人に迷惑をかけるわけではありません。

もちろん、そのためには、ちゃんと余裕をもってスケジュールを組みます。

ゆったりした時間の中で、自分のペースを大事にしながら、心地よく動きたいから、時間の使い方にも「自分」をもっているのです。

私の場合は、自分のペースを大事にするために、**スケジュール帳に「一人時間」を入れるようにしています。**

「一人時間」は、「カフェでゆったりとこの先の予定を考える時間」にしたり、「疲れていたら家でリラックスする時間」にしたりします。

そう、そのときの自分の気分や状態に応じて、自由に使うのです。

この「一人時間をスケジュールに入れること」を「自分とのアポイントをとること」と言っています。

この「自分とのアポイント」がしっかりとれるかどうかで、毎日がまったく変わってくるんですよ。

こうすると、他人の時間に必要以上にふりまわされて、時間を費やさないですむようになります。知らず知らずのうちに疲れのたまってしまった自分をケアしてあげることができます。

ちゃんと自分らしい時間の使い方ができるようにもなります。

自分のペースを守れるのですね。

自分の時間を大事にすることは、自分を大事にすることでもあります。

それにね、時間の余裕があると、ごきげんでいやすいのですよ。

だって、時間の余裕がないときって、ちょっとしたことでイライラしたり、あせって困ったり。そうなりがちじゃないですか。

そんな自分はイヤだから、美しくないから。

自分が美しくいるためにもスケジュールはゆったり、が私は大好きです。

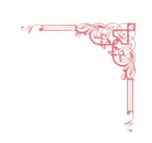

いかりんの
魔法の言葉

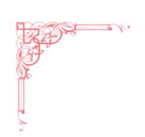

私には、
私のペースがある。

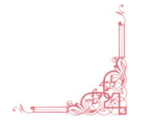

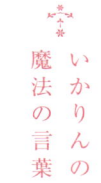

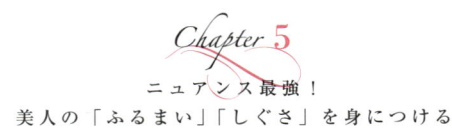

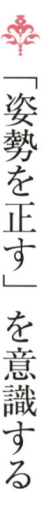

「姿勢を正す」を意識する

一瞬にして「美人に見せる」方法があります。

それは、**「姿勢を正す」**こと。

たとえば猫背でダラッとしていると、キレイな服を着ていても、美しく見えなかったりします。

一方で、スッとした姿勢の人に、思わず目がいってしまうということがありませんか。

たとえば、バレリーナの女性。いくつになっても、若々しくて美しい人ばかりです。その秘密は、姿勢にもあると私は思います。鍛え抜かれた筋肉によって、いつもスッとした立ち姿です。とても惹かれます。

あるいは、和服を着て、茶道や華道をやっている女性。背筋を伸ばして座っている女性を見ると、美しいなぁと思います。

パーティで私のドレスのすそを直してくれた友人の女性。その人が膝をついてかがんだときの姿勢の美しさにも目を奪われました。

つい、自分のドレスの乱れより、「乱れに気づいてくれてありがとう」という感謝の気持ちより、まず、その美しい姿勢に見とれてしまいました。

「姿勢の美しい人は美人」

そう思います。


だから、さっそくあなたも、今から、この場でやってみましょう。

この本を読んでいるということは、座っている方が多いでしょうね。

仮に、イスに座ってこの本を読んでいるとして、まずは、背筋をスッと伸ばしてみましょう。

姿勢を正して、胸を張って、アゴを引く。

天井から頭が吊られているようなつもりで、首を長く伸ばして。

誰かに写真を撮ってもらうようなイメージをもってもいいかもしれません。

このようにして、**今日から「気がついたら背筋を伸ばす」ことを習慣にしてみ**

ましょう。カンタンだけど、とても効果のあることです。

ちなみに、背の高い人は、コンプレックスからか猫背になりがちです。

私の知人のN子さんもそうでした。

知らず知らずのうちに、猫背になっていたN子さん。でも、「背の高い自分がキレイ」と自分の欠点と思っていた部分も含め「私は美人である」と思えるようになりました。すると、見事に姿勢のいい、モデルのような美人に生まれ変わったのです。

「自分のイヤな部分も受け入れて、そのうえで自分は美人だと信じること」という「美人である」（BE）の力。

「姿勢を正す」という「美人をやる」（DO）の力。

この二つの効果で、本当にあっという間にみるみるうちにキレイになっていきました。

「美人である」（BE）も「美人をやる」（DO）も両方をやっていくと、こんなにも急に、はっとするくらい美しくなるんだなと感動したものです。

いかりんの
魔法の言葉

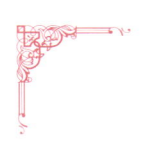

姿勢の良さが
美人をつくる。

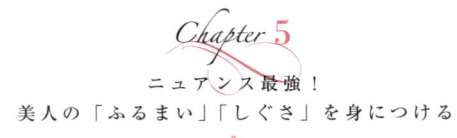

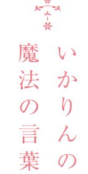

「そろえる」を習慣にする

「美人のふるまい」を考えたとき、私が大切にしているのが「そろえる」ということです。


座るときに、脚をそろえてみる。

脚を組むにしても、斜めにそろえてみる。

鏡の前で、椅子に座って実際にやってみてください。

そろえるだけで、あなたの脚が美しく見えませんか。

いきなりダイエットして脚を細くすることはできなくても、座り方一つ、脚の組み方一つで、キレイに脚を見せることはできるのです。

だとしたら、やらなければ損、ですよね。


あるいは「手」をそろえるのも美しいものです。

たとえば、誰かにものを渡すとき、私はなるべく、片手で渡すのではなく、両手で渡すようにしています。
すると、片手で渡すより、ぐんと丁寧で優雅な印象になりますよ。
扉を閉めるときは片手ではなく両手で閉めるのも美しく見えます。

この「そろえる」は、自分の手や足をそろえるだけにとどまりません。
たとえば、次のようなふるまいも美しく見えるものです。

ごはんを食べ終わったあと、ナイフとフォークを丁寧にそろえる。
席を立つときに、椅子をきちんとテーブルにそろえる。
玄関で靴やスリッパを脱ぎはきするときに、きちんとそろえる。
書類をそろえて整えてから渡す。

そう、**「そろえる」ができる人は、キレイに見えるんですよね。**
自分の顔が変わらなくても、ダイエットでやせなくても、服装が変わらなくても、ほんの少し「そろえる」と行動が変わるだけで、印象が変わります。

行動するときに、一つか二つからでもいいです。

「そろえる」を意識して、行動してみてくださいね。

玄関の扉を閉めるときに両手で閉めてみる。

後輩や部下に書類を渡すときに、両手で渡してみる。

まずは、今この瞬間、座っているときに、脚や手をそろえることから始めてみてもいいかもしれません。


これだけでも、すぐに「美人のふるまい」になりますよ。

いかりんの
魔法の言葉

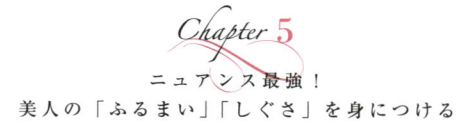

そろっていると
美しく見える。

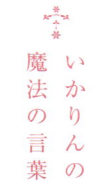

自分の適量を知る

「ごはんを残してもＯＫ」と私が言うと、「え！」と驚かれたりします。「出されたものを残すのはダメ」「作った人に申しわけないと思いなさい」なんて、学校でも家でも言われて育った人も多いからでしょう。

それは、それで間違っているとはいえません。

ただ、それにこだわりすぎて、「食べたくないものを無理して食べる」という行為は、**ある意味「自分をゴミ箱にしている」のと同じだったりします。**

それならば、おいしく食べられるところまで食べて、あとは「ごめんなさい」したほうが自分を大切にしているといえませんか。

こんなふうに、**自分を大事にすることに「罪悪感」をもたないのが「美人」なのだと思います。**

だから、「美人としてふるまう」といったときに、「ごはんは残しましょう」と言うことが私はあります。

ある40代のクライアント女性に「今からランチに行くけれど、汚く食べてみてくださいね」というリクエストを出したことがありました。

「汚く」とは、「食べ散らかす」ことではありませんよ。食べもしないものを頼んでわざと残すことでもありません。

食べたいものを食べたいように頼んでみて、それで、途中で「あ、もうおなかいっぱい」と食べるのをやめてもOKということ。

その結果、残してしまい、テーブルが汚く見えてもOKということです。

これ、「残してはダメ」「無理してでも食べないと」という意識が染みついていた彼女にとっては、なかなかハードルの高い行動でした。

でも、**「無理して食べない」「自分の胃袋をゴミ箱にしない」という意識をもってもらうためには、必要な行動だったりします。**

自分にとって、「え!? そんなことをするの？」という真逆の行動をしてみて、初めてわかる意識もあるのです。

だから、あえて「汚く食べる」という荒行をしてもらったのです。

それにね、「無理して食べない」には、もう一つ大切なメリットがあります。

それは、**自分の食べる量を、自分の体と相談しながら、食べられるようになること。**

すると、ムダに太ったりすることはありません。

必要以上に食べてしまうから、太るのです。

「私は、私の体が欲しい適量だけを食べる」ということに、自分の中で許可を出すのです。

「残したら悪い」とか「キレイに食べなきゃ」とか、まわりの目や常識を考えすぎない。

すると、不思議なことに、たくさん食べる気がなくなったりします。

今の自分の適量を食べることができたりするんです。

ダイエットなんかしなくても、うっかりやせられちゃったりするんですよ。

いかりんの
魔法の言葉

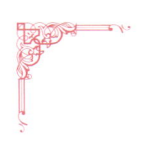

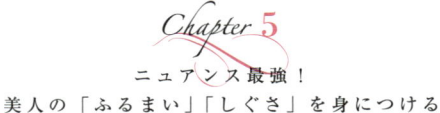

ごはんを
残してもいい。
ごはんをいっぱい
食べてもいい。

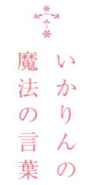

いさぎよく「捨てる」「やめる」「手放す」

前項では、食べるときの「自分の適量」についてお話ししました。

「自分の適量」、実はこれ、人生全般にわたっても大切なことなのですね。

美人は、「捨てる」「やめる」「手放す」が本当に上手だと思います。


だってね、**人生は、長いようで、あっという間。**

どうでもいいことや、好きでもないことに時間を使うのはもったいないと思いませんか。


長いようで人生短いから、本当にやりたいことだけをやる。

本当に欲しいものだけを身近に置くようにする。

本当に着てうれしいものや、私のよさを活かしてくれる服だけを持つ。それ以外は**「捨てる」**。

本当に私を美しくしてくれる美容法やメソッドだけをやる。他は**「やめる」**。

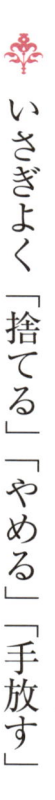

本当に心地いいと思える人たちとだけでいいと割りきる。たくさん友人がいなくてもいい、つくらなくてもいい。

小さな小さな自分の世界を大事にすればいいと**「手放す」**。

そのためには、**自分の心の中に「大切なもののノート」を持ってみてもいいかもしれません。**

人間関係でも、ものや洋服でも、なんでも。自分が「好き」「心地いい」「大切」と思えるものを心の中の「大切なもののノート」にしっかりきざみこむイメージ。

そして、この「大切なもののノート」にないものは、さっと「捨てる」こと。

こうしたコンパスのような「大切なもののノート」がないと、時として人は、すぐによけいなものを身につけてしまうから。

それとね、わずかしか選べないとき、人によっては、選ばなかったほうが気になることもあると思うんです。

捨てた自分を責めることもあると思います。

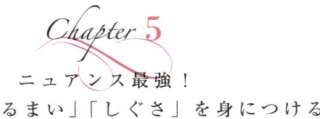

でもね、最終的には選んだ自分を肯定する。

だって、もう、どうしようもないのだもの。時は戻らない。

どうしようもないことに、執着している時間がもったいない。

カウンセリングをしていると、「みなさん、けっこう自分をいじめるのが好きだなぁ」と思うことも多いです。

私はもう習慣かもしれませんが、「自分を責めること」をしません。

たとえ、誰かに責められたとしても、自分は自分を責めない。

それはもう、愛情深い母親がわが子を守るように。

自分が自分の一番の味方でいる。

それにね、**自分を責めているパワーももったいない。そのパワーをラクに楽しく生きることに使いましょう。**

人生はあっという間。

私も年を重ねてきて、終わりを考えることもあって（笑）。

だからこそ、自分中心で、自分のために生きる。

それは決して自分勝手ではないし、わがままでもないのですよ。

いかりんの
魔法の言葉

私は、私の人生の主役。
捨ててもいいし、
やめてもいい。
人生はあっという間だし、
好きに生きていいのよ。

おわりに——必要な時に必要なことに気づけるようにできている

いまいち自分の魅力に気がついてない人、活かし方をわかってない人に、「あなたはキレイなんだから、こうしたらいいのよ」「あなたの魅力はここだから、ここをこうすればいいと思う」などと、ついつい言ってあげたくなることがあると思います。

私自身も、カウンセラーという仕事をしているからか、つい、そうしてしまうところがありました。

でも、あるときこう思ったんです。「それ全部お節介！」と。

Epilogue

おわりに

きかれたら、答えればいいと思うのです。わかる範囲で、自分が思うことを。けれども、きかれていないのにアドバイスしたり、アドバイスまでいかなくても話したりするのって、「大きなお世話」「お節介」じゃないかなって。

だって、その人は今、「曇る」ことが必要だったりします。

「がんばりすぎる」ことが必要だったりします。

「自分の魅力に気づかない」必要があるのかもしれません。

ある意味、その人は、その人の人生の過程を「順調に」進んでいるのです。

だから、その人のしたいようにさせてあげるのが一番いいのだろうなと、最近、思います。

自分で何かに気づくまで。

自分で求めて、自分のタイミングで気づくまで。

自分が心から納得する時に、自然に受け入れる時に、その人は自分で勝手に気がついて、勝手に進んでいくから。

他人ができることって、それを眺めていることだけかもしれない。

なんてことを、最近、ふと思ったのです。

そして、他人をそんなふうに眺めている一方で、自分の人生を謳歌する。

自分の「キレイ」を磨いていく。自分が美しくなる。

「あの人みたいにキレイになりたい」ではなくて、「私らしいキレイを追求していく」というスタンスで。

その「私らしいキレイ」は、誰にも追求できないんですよね、自分にしか。

だから、もう「誰かをキレイにしたい」というのはいい。それよりも、「自分が、いかにもっと、最高に、想像を超えて、キレイになれるのか」が大切。

人生って、そんな挑戦なのかもしれない、と今は思っています。


女性は、みんなキレイ。みんな美しい。

「私は美人である」とさえ思えれば、「やり方」や「道」は、その人が自分の力で見つける。

私は、そう、信じています。

あなたも、それを信じて、自分を磨き上げる方法を自分で見つけて、自分でキレイになってしまってくださいね。

Epilogue
おわりに

最後に、本書を出版するにあたっての感謝の言葉を述べさせてください。

まず、心理カウンセラーの師匠である心屋仁之助さん。出会ってから今まで、本当にたくさんの気づきやご縁をいただいてきました。おかげさまで、今の私があります。心よりの感謝を申し上げます。

また、編集・構成に携わっていただいた御友貴子さん、大田原恵美さん、カメラマンの篠塚ようこさん、装丁のフロッグキングスタジオさん、そのほか本書の制作に携わってくださったみなさまに、この場をお借りして御礼を申し上げたいと思います。多くのプロフェッショナルな方々のお力があって本は出来上がるのだな、と本書の出版を通して気づきました。プロってすごいですね。

そして何より、これまで私のカウンセリングやセミナーに来てくださった方々、ブログやSNSを通じてふれ合ってくださった方々に、最大限の感謝を述べたいと思います。みなさまとのご縁なくして、この本は生まれませんでした。

本当にありがとうございます。

２０１８年1月

碇谷圭子

ブックデザイン：フロッグキングスタジオ
装丁写真：篠塚ようこ
ヘア：松永修志
メイク：小林由美
スタイリスト：内藤加奈子
本文写真：ゲッティイメージズ（P 4、16）
朝日新聞社（P 8、9、12）
構成：御友貴子
校正：駒沢正博
Special Thanks：心屋仁之助、るる、コエレ、レオ

碇谷 圭子
（いかりや・けいこ）

心理カウンセラー。

1964年2月生まれ。

30歳のときに離婚、その後勤め始めた人材派遣会社で営業とスタッフのフォロー業務を担当。その仕事を通して、数多くの女性たちの相談にのってきた経験から、心理分野に大きな関心をもつ。13年間勤めた後、会社が日本撤退でなくなったのを機に、本格的に心理療法を学び始める。

やがて、心理カウンセラーの師とあおぐ心屋仁之助氏に出会い、心屋流カウンセリングを行っていくことに。

なかでも、「女性の生き方」や「キレイ」「美」をテーマにカウンセリング・セミナーを行うこと多数。

モットーは、「女は美しく幸せに」。

現在、数多くいる心屋流カウンセラーのなかでも「東の横綱」といわれるほどの強い信頼をえており、100万円超のセミナーを含むセミナー・カウンセリングは常に満席になるなど圧倒的人気を誇る。

ブログ：https://ameblo.jp/ikarin55/

なぜか、急にはっとするくらい
美しくなる人の秘密

2018年2月28日　第1刷発行

著　　者　碇谷圭子《いかりやけいこ》
発 行 者　友澤和子
発 行 所　朝日新聞出版
　　　　　〒104-8011　東京都中央区築地5-3-2
　　　　　電話　03-5541-8832（編集）
　　　　　　　　03-5540-7793（販売）
印刷製本　中央精版印刷株式会社

ISBN978-4-02-251531-5
定価はカバーに表示してあります

落丁・乱丁の場合は弊社業務部（電話03-5540-7800）へご連絡ください。
送料弊社負担にてお取り換えいたします。